天下文化
BELIEVE IN READING

罪與罰之外

經濟學家對法學的20個提問

熊秉元——著

BCB614A

目錄

第一篇 一切從個人開始

各種社會現象，都是由人類行為匯集而成；社會科學的功能，就是針對社會現象（而非自然現象），嘗試提出合情合理的解釋。我們先從構建社會科學的基本架構開始，到實際案例分析，把基本架構和社會現象作一連結——對於社會科學研究者而言，這個世界是有意義的，可以「以理解之」。

第二篇 了解法律之前

法律的形成和變遷，也是社會現象之一。對於法律的基礎，傳統法學多是立基於道德哲學。相形之下，社會科學追本溯源，由初民和原始社會開始，描述法律的出現和性質、以及道德的功能。第二篇的意義，是在第一篇的基礎之上，建構「實證法學」（A Positive Theory of Law）。

第三篇
那些律法沒說出來的

正義的理念，貫穿法學和司法運作。社會科學（social sciences）是由法學之外的視角，對法律進行更全面的檢視。還有其他關鍵性的因素，對法學和司法運作有著不可忽視的影響。這一篇裡，將探討一個重要的影響因子：訊息（information），是隱身於法學內部的主導力量。

自序　重新發明輪子

一個學科成熟的標誌，是有基本的教科書，把這個學科眾議僉同的材料，介紹給學子們。而且還有許多相關的著作，幫助學子們進一步探索。中文世界裡，「法經濟學」的教科書和相關著作，也逐漸露面問世。

我筆下的三本書：《熊秉元漫步法律》、《正義的效益》、以及這本《罪與罰之外：經濟學家對法學的20個提問》，也屬於這一類。稍微精細一點，前兩本書可能適合法學院大三以上的同學；最後一本，則是為法學院的新鮮人而作。希望他們在接觸法學的時候，就有機會接觸到有別於傳統法學的「法學緒論」。

這本書的性質和內容，值得稍作介紹。首先，因為開設「法經濟學」課程的法學院還很有限，能擔任這個課程的老師也不多。因此撰述時，我希望直接和學子／讀者對話，讓學子／讀者能夠自修自習，毋庸假手他人。其次，學習一門學科，是一個熟習和消化的過程，重要的概念和觀點，可能以不同的方式，多次呈現。加黑體註明的部分，更是關鍵所在，值得反覆琢磨。

再其次，文中還加入了刺激思考的提問。與提問相關的敘述是給予參考的解說，不是唯一的正確答案；學子／讀者不妨另闢蹊徑，思考其他可能的回應。畢竟那都是作者個人的觀點，要琢磨出自己的體會，才是自己的心血。而且，培養學子／讀者的思索分析能力，更是這本書的目標之一。

既然是基本材料，值得多讀幾次。每次看時，不求快，最好同時在每頁旁白處註記；不論是自己的心得、或不同的意見，都值得記下。過一段時間再看，相信對本文和自己的註記，都會有不一樣的體會。點點滴滴，自己的功力就慢慢累積精煉而成。

眾所周知，千百年來，法學有著高貴而尊榮的傳統。歷來的碩儒巨擘，對法學有諸多精湛絕妙的闡釋。然而，毫無疑問，一九六〇年由美國芝加哥大學發軔的「法經濟學」（或「法律的經濟分析」），是對法學提出截然不同的解釋。就法學而言，這是不折不扣的「重新發明輪子」（reinventing the wheel）。然而，當初法學界的嘲諷調侃排斥，現在早已是過眼雲煙。不但在美國的法學和法學院裡，由一席之地而漸漸成為不可或缺、甚至是主流；在各級法院和最高法院裡，法經分析已經登堂入室而且高居廳堂之上。

和中外類似的法經濟學教科書／講義相比，這本書有兩點特色，值得稍稍自矜自是。第一，明確標示出經濟分析的基本架構，且利用「基本單位—行為特質—加總／均衡—變遷」的架構，一以貫之的處理諸多法學問題，包括闡釋最抽象、層次最高的核心——「正義」的概念。第二，本書的理論是奠基於真實世界，明確提出「實證法學」（a positive theory of law）的概念，並且和傳統「規範法學」（a normative theory of law）相對照。在方法論上，本書的這兩點都稍稍有新意，而且有待進一步的闡揚推廣。

除此之外，在引介經濟概念和分析架構時，全書不用方程式、數學。主要運用的是文字敘述，以及簡單易懂的輔助圖形。還有，生活中觸手可及的經驗，也是闡明理論的重要依據。原因很簡單，真佛只講家常話，道理可以淺中求。

「重新發明輪子」，言外之意有不少黑色幽默。然而，奧運跳高項目，由剪刀式、腹滾式、而背仰式，也是在重新發明輪子（新的過竿方式）。經濟學者把經濟分析引入法學，性質上也是如此；無論結果如何，至少意味著「周雖舊邦，其命維新」的契機。

I

第一篇

一切從個人開始

各種社會現象，都是由人類行為匯集而成；社會科學的功能，就是針對社會現象（而非自然現象），嘗試提出合情合理的解釋。我們先從構建社會科學的基本架構開始，到實際案例分析，把基本架構和社會現象作一連結——對於社會科學研究者而言，這個世界是有意義的，可以「以理解之」。

提問

1

“在火場中只顧自己孩子的母親，錯了嗎？”

一場突如其來的大火，燒得眾人措手不及。兩位一同短暫外出返回的母親看見自家陷入火海，幾近崩潰。其中一位不顧消防人員與圍觀群眾的攔阻，硬是哭吼著衝入熊熊大火當中，企圖救出被困在家裡的孩子。數分鐘後，這位母親抱著自己的孩子奔出火場，所有人才鬆了一口氣的瞬間，房屋傳來崩塌的聲音，另一個孩子還在裡面……

1-1 經濟分析基本架構

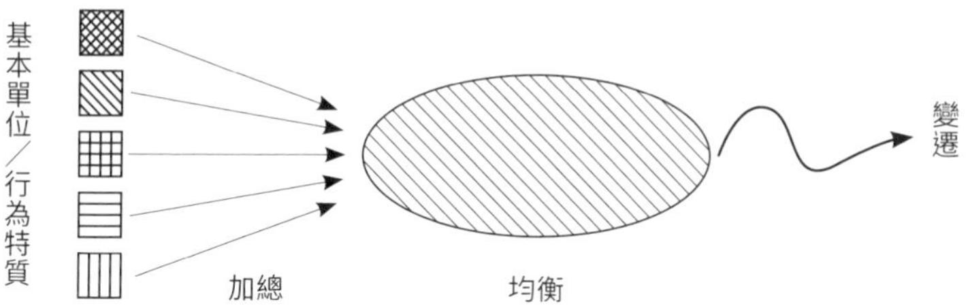

了解法律之前，先了解社會

法經濟學，是利用經濟學的分析架構，探討法學問題。依我淺見，主要的四點體會如下：第一，先了解社會，再了解法律。第二，讓證據說話。第三，法律的功能未必是追求公平正義，而是處理價值衝突。第四，法律的功能，過去是以除弊為主，今後則是以興利為主。

在很多經典經濟學教科書裡，都嘗試總結經濟學的精髓。譬如薩穆爾遜（Paul Samuelson, 1915-2009）的《經濟學》和曼昆（Gregory Mankiw）的《經濟學原理》。中文世界裡，張五常的鉅著《經濟解釋》，已經有經典的地位；此外，《解釋的工具》總結經濟學也可以參考。

相形之下，經濟分析的架構可以利用〈圖1-1〉表示。分析架構有四個環節：分析基本單位，行為特質，加總和均衡，變遷。

「個人」即是起點

對一位生理學家來說，可能把人體分成骨骼、血液等等，然後把細胞當成是基本的分析單位。同樣的，經濟學者逐漸歸納出的理論架構，也有分析的基本單位——個人；而不是更大的單位（家庭），或更小的單位（原子、分子）。

簡單地說，經濟學的發展過程，有兩大階段：前一個階段是探討「經濟活動」，主要是指生產消費、買賣交易、貨幣金融等等。慢慢的，經濟學者歸納出一個簡潔的架構，可以探討各種經濟活動。後一個階段，大概是由一九六〇年起，經濟學者福至心靈，發現可以把分析架構抽象化。利用同樣的架構，不只可以分析「經濟現象」，也可以分析「社會現象」、「政治現象」等等。因此，經濟學者開始進入社會科學的其他領域。

這種延伸和擴充，在其他領域裡也屢見不鮮。譬如，由繪畫中歸納出「美學」的概念，

1-2　理性和不理性

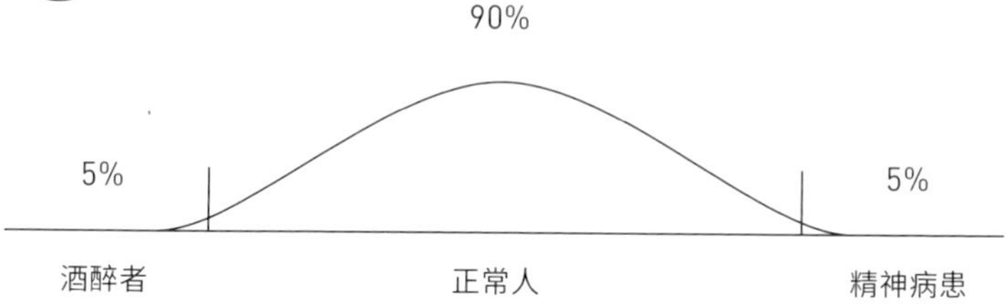

可以運用在攝影、設計、電影、小說等範圍。由研究戰爭和衝突所發展出的「博弈理論」（game theory），可以用在商業、政治、家庭、男女戀愛、乃至於個人和自己的掙扎裡。用成語來表示：以簡馭繁，一以貫之。

個人是分析的基本單位，而關於人的特質，經濟學者歸納出兩點：理性和自利。理性（rational），是指人這種生物能思索、也會思索。自利（self-interested）——不是自私（selfish）——是指人這種生物，會作對自己有利的事。利益，包括物質和精神，也可能包含別人的利益。

迷思：理性的人不會錯？

〈圖1-2〉展現理性和「不理性」。常態分佈的兩端，右

1-3 理性也會犯錯

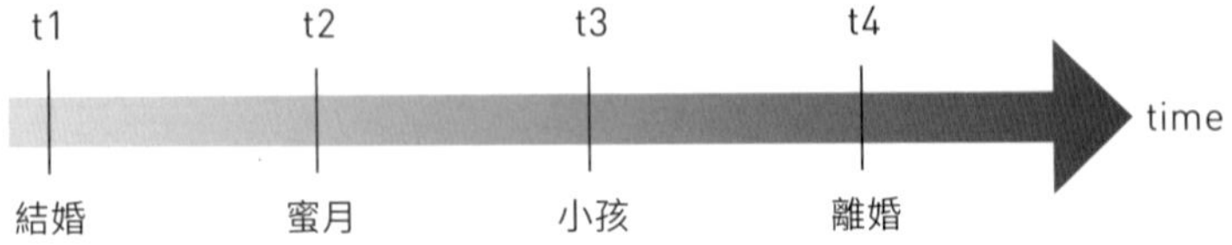

邊的百分之五，是住在精神病院，思索的能力和內容與多數人不同。左邊的百分之五，是喝了兩瓶五糧液或金門高粱的人，不能思索。這些人的行為，適合由生理學家和精神科專家研究。中間百分之九十的部分，是一般人、正常人，是能動腦筋思索的生物。

關於理性，可以澄清一些常有的誤解。首先，〈圖1-3〉畫出幾個時點：t1是公證結婚時，雙方滿心歡喜，誓言白頭偕老、至死不渝；t2是蜜月期已過，柴米油鹽醬醋茶的日子；t3是彼此如水火，吵鬧不休的時日；t4是公證離婚，各奔東西的時點。在t4這個時點，很可能認為：回頭看，在t1的決定是「錯誤的選擇」。然而，這已經是t4，能用這個時點的情懷論證：t1的決定是不理性的嗎？不能——人是理性的，並不表示人不會犯錯。

其次，理性有刻度高下之分——在商業上和競爭對手錙銖必計的思維，想必和酒桌上與朋友敬酒划酒拳時不同。同樣的，三十而立的思維，和五十而知天命時的思維，縝密程度當然有高下之別。而且，這些現象還隱含了重要的一點，人會有意無意地「換檔」（shifting gear），選擇以多少的理性來面對環境。理性的運用，可能超過一般人的想像。再其次，法學裡經常會提到「激情犯罪」（crime of passion）；看似不理性，其實不然。激情犯罪時的理性，和平常不同，但不是沒有理性——劇烈吵架時，氣憤而動刀動手傷害對方；不是目標明確，希望儘可能宣洩自己的憤怒，傷害自己眼前的對象嗎？

最後，採取「人是理性的」這種立場，可以清楚明確的一以貫之。相反的，如果採取另一種立場：人有時候是理性的，有時候是不理性的。那麼，問題立刻出現：哪些因素決定了人的取捨？由理論建構的角度著眼，這是自找麻煩，捨近求遠；看似聰明，其實思慮短淺。

迷思：自利就是自私？

關於人是自利的，更容易引起一般人的困惑、排斥、乃至於貶抑，有幾點值得澄清。

首先，自利，是指人的行為「是」對自己有利的。這是一種實際上的描述，是「實然的」（a positive description），而不是「應然的」（a normative prescription）。也就是說，無關價值判斷，這是一種對事實的描述刻劃而已。

其次，利益（interests），當然有很多種：物質精神，狹義廣闊。把自己打扮得風光亮麗，固然是自利；把自己的家小照顧得快樂康健，當然也是自利。很少有人是不顧自己與自己的家小，而一心一意去照顧別人與別人的家小。當然，這些人的行為，也是自利，只不過「自利」的內容與眾不同罷了。

再其次，有人質疑，對於那些「損人不利己」的人，行為是自利的嗎？兩點值得細究：第一，「損人不利己」通常是指別人的行為而不是指自己。如果t4這個時點，想起自己t1的行為，其實是損人不利己；那麼，這已經是不同的時點，資料庫不同，情境也不大相同。第二，有些人、有些時候，會在傷害別人的同時，也傷害了自己：譬如打傷情敵，這時候加加減減，自己從中得到的快感，必然超過自己承擔的損失—苦肉計，差堪比擬。

最後，一九九三年諾貝爾獎得主諾思（Douglass C. North, 1920-2015），在集大成經典《制度、制度變遷與經濟成就》（*Institutions, Institutional Change and Economic Performance*）第二章裡，就提出理論上的大哉問：「合作—理論難題」（Cooperation: The Theoretical Problem）。他探討的主題，是整個社會的經濟表現，但是追根究柢，把問題的關鍵歸結到人與人的「合作」。隱含的意思至少有兩點：經過長期的演化，自利已經是人的本性；「利他」，只有在特殊條件下才會出現。還有，合作互惠並不容易，特別是範圍擴大、人數增加之後。

我們可以試著思考最開始那個情境引出的問題：一個母親衝進火場，救的是「自己的」子女—這種只顧自己孩子的行為，算不算自私自利？

經濟學者：理性自利本是人性

在經濟學者眼中，人「是」理性自利，而不是人「應該」或「不應該」理性自利。這是對實際情況的描述，而不是一種價值判斷。

當然，關於「理性自利」，也可以有不同的立場。溫和的立場（weak form），是把理性自利當成是一種假設，是為了便於分析所採取的前提。另一種，是強勢的立場（strong form），認為理性自利是一種事實的描述（factual statement）。很明顯的，後者是「經濟學帝國主義」（Economic Imperialism）的態勢。哪一種立場較好、較有說服力、或較有趣，當然本身又是一個可以爭議不休的問題（Lazear, 2000）。

諾貝爾獎得主貝克（Gary Becker, 1930-2014），博士論文在一九七六年出版為《人類行為的經濟分析》（*The Economic Theory of Human Behavior*）一書；一九九二年，當他得到經濟學的桂冠，發表演講，名為「行為的經濟分析」（An Economic Approach to Behavior）。言下之意，經濟分析不只適用於探討人類行為；對於烏賊、老鼠等行為也同樣適用。Landa（2012）回顧生物學的文獻，饒有興味地歸納出：蜜蜂和螞蟻的防禦工事和應戰策略，完完全全可以用經濟理論來解釋。

另一位諾貝爾獎得主科斯（Ronald Coase, 1910-2013），對於經濟學者在其他領域裡大張旗鼓、張牙舞爪，期期以為不可，或者至少很保留；他意有所指地表示：也許對於經濟問題，經濟學者覺得力有未逮，才跑到其他領域去試試手氣吧？然而，經濟分析是否適於進入其他領域，在這個問題上，不妨讓證據來說話。事實上，科斯自己都這麼表示：「經濟學者就像賣瓦罐的小販，向人們兜售自己的產品。」在其他領域裡，經濟學者能不能引領風騷，就看他們能不能逮得住耗子。

從經濟學切入法學

就法學和經濟學這兩個學科而言，毫無疑問，法學的歷史更為悠久。近代經濟學的奠立，通常以亞當斯密一七七六年出版的《國富論》為準；到二〇一七年的今天，也不過才兩百多年。然而，就理論的發展和嚴謹性來看，經濟學卻有一些明顯的特點，值得法學參考借鏡。

法學和經濟學這兩個學科，為什麼法學出現得比較早？簡單地說：因為需要。存在不一定合理，存在一定有原因。對於看似不尋常的問題（或社會現象），若能以理解之（理解），表示自己的分析架構（思維方式），有一定的解釋力。這個世界是有意義的，可以試著解釋。

原始社會裡，人際相處就有摩擦糾紛；為了善後，自然發展出一些機制（mechanism）。隨著社會的發展，摩擦糾紛所涉及的權益增加，社會上逐漸有能力支持法學這種專業。相形之下，經濟活動由以物易物到貨幣經濟，合而兩利、互蒙其利。然並沒有特別的需要，必須發展和支持「經濟學」這個專業。在這種解讀下，法學是人類社會的必需品；而經濟學是奢侈品，社會發展到一定程度後才會出現。

翻開任何一本法理學的教材，或看看法學期刊裡的論述，約略可以得到兩種印象。法學理論大概有兩種：第一類是以思想源流為名，譬如自然法學派，現實主義法學、功能主義法學等等。第二類是以學者個人為名，譬如亞里斯多德、柏拉圖、康德、哈特、德沃金的理論等等。

這些「理論」，添增了法學的內涵，豐富了法學的思維，當然價值可觀。然而，這些理論，固然反映了時代特色或個人慧見，卻多半呼應一時一地，而不是能跨越時空、普遍成立的「一般理論」（a general theory）。一言以蔽之，在法學理論裡，似乎並沒有眾議僉同的核心（core）是主流法學界所共同支持，是法學理論的基礎，能據以發展各個部門法的理論。

藉著一個例子，可以稍稍反映這些理論的潛在問題。具體而言，華人文化裡「儒家」、「法家」、「墨家」等思想，各有特色，而且在歷史長河中，曾經各領風騷。然而，無論引據哪一家，能夠指引目前的法學問題，能對立法工作和司法實務，有明確的呼應嗎？勉強的援引，往往捉襟見肘；傳統思想學派如此，難道西方法學思潮不也是如此嗎？就理論的普遍性和嚴謹性而言，法理學還有很大的發展空間。

法學界的學子（包括學者），不妨心平氣和地自問：「先了解社會，再了解法律」；對於社會，自己有沒有一個清晰有力的分析架構？同樣的，自己對於法律的了解和闡釋，所依恃的又是什麼？在自己的工具箱裡，是不是主要就是「甲說乙說」以及自己的生活經驗？對於具體的法學問題，自己的判斷是依據一些想當然耳的信念（beliefs），或是可以追究到基於事實（facts）的論述？或者，換一種檢驗方式：在論斷法學問題時，自己所依恃的「權威」（authority），是信念還是事實？

對於法學而言，經濟理論至少有三點值得強調。第一，官司案件，是法學研究中重要的材料。天秤兩邊誰輸誰贏（或共輸共贏），往往繫於一線之間，因為魔鬼常常躲在細節裡。經濟分析探討經濟活動，對於盈虧可以計較到錙銖（小數點）。因此，在分析利弊得失上，經濟分析涉及金錢數字，本身就隱含論述取捨上的優勢。

第二，經濟學只是一套分析工具（或思維方式），在相當程度上，是價值中立（value free）的。倫敦政經學院貝詩禮（Timothy Besley）教授的一段話，平實而中肯：「其實經濟學並不隱含任何立場或結論——經濟學只是一套分析世界的工具，而且可能得到各種不同的結論，包括贊成政府干預和反對市場干預的結論。」——這是他發表長文，回應桑德爾（Michael Sandel）對市場和經濟學（者）的質疑[1]。言下之意，經濟分析只是工具，在相當程度上，是價值中立的。

第三，法學裡（司法實務上亦然），概念（concepts）具有非常重要的地位。然而，各個概念的內含和外緣（邊界所在），卻往往是（又是）訴諸於爭論者的個人經驗、或學界大佬的判斷。相形之下，「概念」也是社會現象的一環，也可以援用經濟分析的架構。對於各種法學概念作成本效益分析，既有智識上的興味，對司法實務也非常有參考價值。

那個母親是自利嗎？

於是我們勾勒了經濟學的分析架構，也描繪了法學和經濟學之間的關聯。具體的內容，可以條列歸納出幾個重點：

第一，經濟學的分析架構，可以總結為四個環節：分析的基本單位—行為特質—加總和均衡—變遷。

第二，個人，是分析的基本單位；對經濟學者而言，個人具有兩個特質：理性和自利。

第三，經濟分析的架構，可以探討經濟活動，也可以分析社會、政治、法律等其他問題。

第四，經濟分析的性質，是實證的，讓證據說話；可以為法學理論提供穩健的基礎。

第五，對於法學裡的各種概念，也可以援用經濟分析的架構，探討內含和邊際所在。

讓我們回到剛剛思考的問題：一個母親衝到火場裡（只）救自己的子女，是不是理性自利的？

這裡有兩個事實可以作為分析論述的起點：第一，母親衝到火場裡，救的是「自己」的子女；會衝進火場去救他人子女的母親，可能屈指可數。第二，即使火場危險，你知我知；但母親是自願的，沒有人拿著槍逼母親要她非去不可。

❶ Besley（2013, p.492）, "[E]conomics does not really imply anything——it is just a set of methods for studying the world that can be used to reach a variety of conclusions including a pro-market or a pro-state position."

參考文獻

◎ Besley, Timothy, "What's the Good of the Market？An Essay on Michael Sandel's *What Money Can't Buy？"Journal of Economic Literature*, 51（2）:478-495, 2013.

◎ Hirshleifer, Jack, "The Expanding Domain of Economics", *The American Economic Review*, 75（75）:53-68, 1985.

◎ Landa, Janet, "Gordon Tullock's Contribution to Bioeconomics", *Public Choice*, 152（1/2）:203-210, 2012.

◎ Lazear, Edward P., "Economic Imperialism", *Quarterly Journal of Economics*, 115（1）:99-146, 2000.

提問 2

“我為什麼要守規則？”

二〇〇六年四月二十一日晚上，居住在中國大陸廣東省、平日擔任保全的男子許霆，在廣州天河區廣州市商業銀行的ATM提款。或許是機器有誤，他發現雖然他提領了一千元（人民幣），帳戶卻只被扣一元，他試了幾次都是這樣，於是反覆提領了五萬四千元。當晚另將此事告訴友人郭安山，兩人再次前往提款。許霆先後提領十七萬五千元，郭安山則提領一萬八千元，事後兩人各自攜款潛逃。同年十一月七日，郭安山向投案自首，將提領金額全數退還，經法院審理後，以盜竊罪判處一年有期徒刑、處罰金一千元。許霆則到二〇〇七年五月在陝西寶雞被警方逮捕，提領款項因投資失敗無法追回。

成為一個好相處的社會個體

個人是分析社會現象的基本單位，而在經濟學者的眼中，人具有兩個特質：理性和自利。然而，根據這兩個特質，人在行為上又會展現出哪些清晰可辨的規律性（regularity）呢？

一般人可能會認為，人有七情六慾，行為的動機和表現千奇百怪；然而，對於（頭腦簡單、世俗無比的）經濟學者而言，總希望能以簡馭繁、一以貫之，用簡單的概念解釋諸多社會現象。經過歷代經濟學者的努力，已經慢慢歸納出一個重要的體會：「降低成本」是人們行為的「主要驅動力」（the major driving force）。無論目標如何（作功課、作家事、追男女朋友、吃喝拉撒睡等等），人們自然而然會以較省事、少費心力的方式進行。每個人不妨自問，自己的行為是不是如此？抽象一點來看，學者希望理論能「以簡馭繁」，也正是降低成本的反應，不是嗎？

2-1　行為的光譜

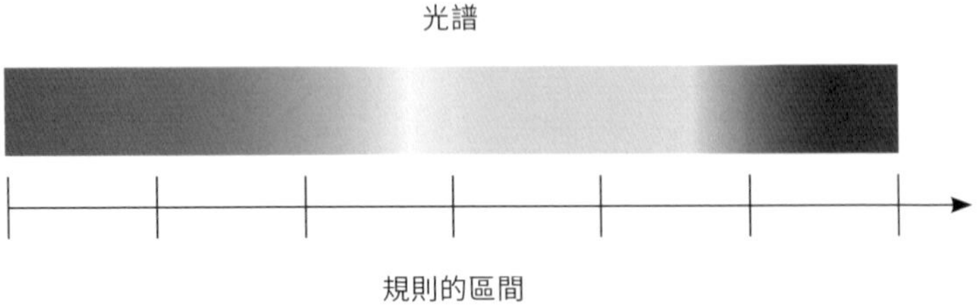

迷思：規則是為了限制個人？

生活裡，規則無所不在：走路開車，華人社會靠右；香港英國等地，開車靠左。吃飯喝湯時，不能呼嚕作響；不能穿睡衣逛大街，不能家暴（包括言語）等等。然而，規則的意義，一般人卻往往知其然，而不知其所以然。

抽象看來，規則的意義可以由〈圖2-1〉看出。「光譜」（spectrum），是指這個線段上面有很多點、或很多個區間。若是顏色，光譜上有紅橙黃綠藍靛紫，還有許許多多介於這七個點之間的其他顏色。同樣的，人們的各種行為，也有眾多的可能性；譬如，走路，可以直著走、橫著走、倒著走、倒立著走、繞著圈走……眼前所見，通常是演化之後的規律性，只集中在光譜上的某一小段區間。但是，對於社會科學家而言，值得有較完整的體會：光譜上還有其他的點（其他的可能性），只是比較少見而已。

由降低行為成本，可以清楚而直接地解釋，規則由何而來？在光譜的諸多可能性裡，人們會慢慢地縮小範圍，進而集中在一個區間上。這麼做可以大幅降低行為的成本。對個人而言，就是日常生活、飲食起居、乃至於言談舉止的習慣（routines）。對於一個人以上、人際之間的互動，也是如此。規則的形成，有助於人際間的相處，可以降低彼此互動的成本。

這個過程有兩點值得強調：一方面，由降低行為成本而規則化，是一個自然而然的過程。不是根據上蒼旨意或聖人教誨，而是完全符合了人們理性和自利這兩個特質。另一方面，對群體而言，「規則」的出現，已經隱含了風俗習慣（不成文法）和典章制度、法令規章（成文法）的由來。而且，群體的規則，主要是對這個群體的成員而言，是有利的；對於群體成員外的其他人，卻未必符合一般人、或公眾的利益。也就是說，群體的規則是小範圍、地域性的有益（locally efficient），和大局、社會未必有關。譬如華人社會聚會聚餐時，大聲說話彼此應和，從心所欲稱心快意。然對旁邊的人而言，卻是吵雜喧囂、令人側目。

一言以蔽之，「規則」的出現，無論對個人或群體，都是一種工具性的安排，具有功能性的內涵。背後的驅動力，就是降低行為成本，完完全全呼應人的理性和自利兩大特質。

降低成本，是行為主要的驅動力，也會明白或隱晦的反應在律法裡，無論是成文法或不成文法的傳統。

案例一：美女與野獸

蘇聯解體之後，很多演藝人員到世界各地去表演，包括芭蕾舞星、歌唱家、魔術師等等。其中，一個馬戲團，到台灣去巡迴演出。

有一天，馬戲團要載運一隻老虎，從甲地送到乙地。裝籠後，籠子上明確告示：「老虎危險，請勿靠近」。小貨車行經某一個十字路口，剛好碰上紅燈停下。一個三十八歲的女子經過，想摸摸老虎的毛；手伸進籠子，老虎一回頭，咬斷了她的手。

2-2 美女與野獸

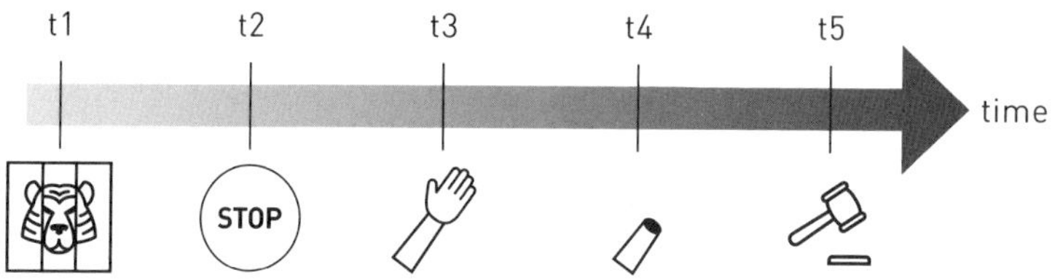

很明顯的，這個意外涉及兩方面：三十八歲的女子，以及載運方／馬戲團。這個糾紛，如果雙方不能和解，法庭該如何判斷，比較合理？

利用時間軸，〈圖2-2〉呈現了幾個重要的時點：t1，老虎裝籠；t2，貨車開到十字路口，停下；t3，女子伸手拍虎屁；t4，女子手少了一截；t5，雙方打官司，分出是非。其他時點，譬如車行哪些路線，哪個十字路口停下等等，並不重要。那麼，由〈圖2-2〉來看，法院該如何斟酌較好呢？在馬戲團和女子這兩方裡，誰應該負多少責任？理由何在？

在我面對的各種場合裡（包括法官和檢察官），很多人都認為：女子要負主要責任（超過百分之五十），因為已經有警告標示，又是三十八歲的成年人。在〈圖2-2〉裡，這個思維隱含著，t2是關鍵的時點；因為，在這個時點上，女子出現，準備出手。

然而，考量這個意外的前因後果，t2不是重要的時點，t1才是關鍵所在。原因也很簡單：老虎的習性動作，馬戲團和載運方最了解。只要在裝籠的時候，以很低的成本採取防範措施，就可以避免後面的意外。譬如，把老虎裝籠之後，放在一個更大的籠子裡；即使手長如姚明者，也碰不到內層的籠子，不就沒事了嗎？或者，在籠子的內層，鋪上一層細密但通風的防護網；或者，在籠子外面罩上一個深色防護布套，留下通氣口。這些簡單的措施，都可以防範不幸事件。

還有，很多人認定：老虎危險是常識，而且又有警告標示；三十八歲的女性去招惹，當然自己要負主要的責任。然而，稍稍琢磨，這種判斷是自相矛盾，邏輯上站不住腳。試想：如果她知道老虎危險，難道還會把手伸進去嗎？逆向推論：可見得她並不知道老虎多麼危險。由此可以引發一個法學上有趣的概念：什麼是「危險」？

危險至少可以分成兩類：精確的（precise）危險，和模糊的（vague）危險。熱水燒開了，攝氏一百度，我們都知道摸了會燙手，這是精確的危險，因為有實實在在的生活經驗作基礎。然而，一般人看到老虎，是在電視節目或動物園裡，時間有限又隔得遠；老虎危險，只是一個模糊的概念（當然家裡有母老虎的人，對於「母老虎」的凶猛程度，會了解得多一些）。

因此，基於以上這兩點主要考慮，馬戲團／載運方當然要負主要（甚至是絕大部分）的責任。在邏輯上，和「寵物傷人，飼主負主要責任」一致——遛狗時，讓愛狗戴個嘴套，成本很低，卻能避免潛在的意外不幸事件。

案例二：許霆事件

在中國大陸，本篇開頭所述的許霆案廣受矚目，網路討論以萬千計。由經濟分析和降低行為成本的角度著眼，其實脈絡分明，一清二楚。

許霆案的情節簡單：年輕人去提款，提款機吐出鈔票而存款數目不變；受誘惑之下，許霆前後領去十餘萬現金，符合「金額特別巨大」的標準。逃亡不久被逮，初審判決：盜領金融機構巨額資金據為己有，無期徒刑。判決合理與否，不妨稍稍評估一下：在許霆和金融機構這兩者之間，由誰來防範這個不幸事件，成本較低？

許霆不過是個倒霉的年輕人，在錯誤的時間，出現在錯誤的地方；禁不起誘惑，犯下意志不堅的錯誤。而且，每個人不妨自問：如果自己面對同樣的情境，看到鈔票不斷吐出，而存款金額不變；有多少人能禁得起誘惑，把鈔票完璧歸趙，還給金融機構？另一方面，如果金融機構在電腦程式上，多設幾道防護措施，自然可以避免這種情境出現。兩相對照：一是要千千萬萬個許霆都能不受誘惑；一是要金融機構調整電腦程式——哪一種比較容易、比較實際、成本較低？

而且，更重要的是，如果這一次重判許霆，下一次再有類似的電腦失誤出現時，另一個倒霉鬼（可能是你我）又可能受不住誘惑而犯錯；這有一點像天上掉下隕石，砸到誰，誰就倒霉。相反的，如果這次把主要責任歸咎到金融機構，金融機構必然立刻調整電腦程式，避免再出現類似的失誤。不只這家金融機構劍及履及，所有其他的金融機構也會風行草偃，立刻跟進。未來再出現許霆的機會，必然大幅降低。試問：對整個社會而言，哪一種處理比較好？

美女與野獸案和許霆案，都是真實世界裡有血有肉的情景。由降低（最小）成本的角度，很容易掌握處理案情的方向。這意味著，降低成本是人們行為主要的驅動力，這個特質也會（也應該）反映在法學的思維裡。

傳統法學教育裡，也經常提到「法益」；可是，憑藉的多半是論述者個人的經驗或直覺。相形之下，經濟學的成本效益，都是由真實世界具體現象歸納而出。成本效益的概念，可以解讀諸多社會現象；同樣的，也可以成為法學工具箱中的一種工具，有助於思索各種法學問題。

從規則回推人性

降低成本，是指引行為的主要驅動力。而結果之一，就是逐漸形成各種規則，對個人或群體而言，都是如此。因此，換個方向，由規則開始琢磨，也可以捕捉形成規則的主要因素。兩個方向來回馳騁，可以增加對行為特質和規則的體會。

誰能見獵不心喜？

在職業或業餘球賽裡，無論籃球足球橄欖球曲棍球等，都有一些耀眼的明星。足球界的貝克漢、C羅和梅西等，廣為人知。然而，較不令人注意的是，球隊競賽對陣時，已經發展出一些潛規則，你知我知，心照不宣：就是不惡意傷害對方的主要球員。可是為什麼呢？以下駟對上駟，設法讓對方主將受傷離場，不是對自己很有利嗎？

最直接的解釋，想來合情合理：球是圓的，你傷害我的主要球員，我也會如法泡製；雙方折損主將，何苦來哉。特別是，觀眾買票進場，可不願意看到這種赤裸裸的血腥景象。然而，稍加思索，卻可以觸及水面下、十分之九的冰山。

具體而言，激烈競賽裡，碰撞受傷是常態。然而，在球場上征戰的老手都清楚，什麼是「惡意犯規」；如果以惡性犯規傷害了對方的主要球員，等於是把球賽升級，改變了彼此互動的性質。一般情況下，雙方球員的行為，都會自我約束；在行為的光譜上（〈圖2-1〉），集中在某一個區間之內。可是，如果其中一方惡意傷害對方主將，等於是掙脫了原先的區間，破壞了雙方彼此的默契。這時候，球員動作開始野蠻粗暴，球賽的不確定性增加；不只是主將，所有球員受傷的機會，都明顯增加。光譜上行為區間的擴充，對雙方來說顯然都不是好事。

同樣的道理，交戰國之間，彼此不暗殺對方的領袖，也有類似的考量；有限戰爭突然升級為全面戰爭，對雙方的代價都很昂貴。

交手回合形成規則

規則的內容，涉及許多因素；其中很重要的一環，是彼此交往的次數和頻率。這裡介紹三個基本的觀念，再稍作引申，和法律連結。

單回合交往（one shot game）

如果雙方的互動（交往、交易、交換）只有一次，就此別過，從此不相往來；那麼，在互動的內容、形式、規則上，當然會巧妙的反映「單回合」的特性。

譬如，武漢是九州通衢，港埠的經濟活動，很大比例是今天完成交易，明天已經到上游或下游。因此，在「這一次」的交易中，既要突顯自己貨品的優點，也要隱藏潛在的缺點；既要貶抑對方貨品的優點，更要防範對方的缺漏。「上有九頭鳥，下有湖北佬」，其實生動的反映了港埠文化下，「單回合」交易的特質。

還有，各個觀光景點賣的紀念品等，通常單價不特別高，而且品質顯而易見。原因：便於一次性買賣。單價高昂，性質複雜的商品，不適合單回合交易。當然，單回合交易，也往往隱含資訊不對稱（asymmetric information），欺生哄騙的情節所在多有。

多回合交往（**repeat game**）

重複交往互動之下，信譽和品牌等等，成為可能；而且，賒欠信用借貸等等，也可以慢慢發展。

追根究柢，多回合互動最重要的特質，是「獎懲」成為雙方手中的工具（籌碼）。這次你對我好，下次我也對你好（或更好一點點，或多賒一點帳）；你的作為不上道，我也以其人之道送還其人。很多人懷念美好的舊時光，農村（漁港）小鎮裡民風純樸，彼此守望相助。表面上看起來是道德良俗，其實本質上是多回合交往的特性使然。當今都會區裡，彼此都住在公寓電梯大廈裡；物理上的距離，比農村裡更短。可是，重複交往的機會（和必要性）減少，自然互不干擾、各得其所。守望相助的功能，已經由保全和業務人員取代。

最後回合（last period game）

人之將死，其言也善（哀？）。最後一回合，表示沒有明天；獎懲不再發揮作用，其中一方可能取巧——退伍退休前，很多老鳥老臣「躺著幹」，原因在此。因此，另一方可能採取某些措施，以為因應。譬如退休金額度的計算，加重退休前最後幾年的業績。

某些時候還是會出現例外。譬如兩國交戰通常不暗殺對方元首，但美國卻狙殺了賓拉登，這該如何解釋？

不狙殺敵國元首，通常是指長期互動的國家或城邦之間。對於叛亂或未必持久的集團，因為彼此關係不一定持久，所以這個規則未必適用。這時候，其他的考慮（策略）可能佔上風——譬如「擒賊先擒王」。另一方面，美國狙殺賓拉登，主要是針對九一一恐怖攻擊；紐約世貿大樓受攻擊而崩塌，對美國民心士氣帶來重大衝擊。狙殺賓拉登似乎是一個振奮士氣的好策略。然而，這個舉動會使恐怖活動式微、或拉長戰線，還有待時間來說明一切。

至於人會基於理性和自利兩大特質，進而遵守規則趨吉避凶以降低行為成本，但為什麼浙江的錢塘潮每隔一段時間總有幾人被捲進溺死，而且幾乎都是外地人？

錢塘潮的速度有多快，當地人知道，這是地域性資訊（local knowledge）。可是，外地人只在媒體上看到錢塘潮會奪命；錢塘潮到底有多快，他們並不清楚。當身臨錢塘邊，不少外地人心想：浪潮還那麼遠，真的衝過來時，自己跑上岸就是了。可是潮水的速度，超過他們的想像；慌亂之下，跌跤相撞走避不及，活生生地被浪潮捲走。對外地人而言，錢塘潮的危險，就像老虎一樣，只是一種模糊的概念。

參考文獻

◎ Becker, Gary, *The Economic Theory of Human Behavior*, Chicago, IL :University of Chicago Press, 1978.

◎ Gilles, Stephen G., "Negligence, Strict Liability, and the Cheapest Cost-Avoider" , *Virginia Law Review*, 78（6）:1291- 1375, 1992.

◎ Rasmusen, Eric, *Law and Game Theory*, Cheltenham, UK : Edward Elgar Publishing Ltd, 2007.

◎ Robson, Arthur J., "The Biological Basis of Economic Behavior" , *Journal of Economic Literature*, 39（1）:11-33, 2001.

提問

3

“走後門、攀關係是破壞社會規範的行為？”

「有關係就沒關係，沒關係就有關係。」

不過是和鄰居關於停車位的爭執，一鬧鬧到了里長那裡不打緊，現在還被對方嚷著要提告。原本想要據理力爭的小李，卻被父親抓去殷殷告誡一番，內容不外乎是鄰里一場與人為善和氣為上，說著說著塞了個禮盒要他拿去給某議員，說是拜託對方美言幾句息事寧人。回頭小李打開禮盒，發現裡面另外還夾了個紅包……

經濟學角度：即使是不合理的存在，也有其原因

經濟分析的基本架構，可以簡潔地表示為「分析基本單位—行為特質—加總／均衡—變遷」。其中，加總（aggregation）和均衡（equilibrium），居於關鍵的地位。

就經濟活動而言，加總的觀念很簡單。一個書報攤裡賣的報章雜誌，只是這個書報攤的「個別供給」（individual supply）。台北市報章雜誌的供給，是把所有書報攤、書店等的供給加在一起。全台灣的供給，就是把各地的供給量加在一起。由「個別」到「總量」，就是一個加總的過程。供給的對應，就是「需求」（demand）。由一個人的冷飲需求，到城市和國家、乃至於全球，冷飲也是由「個別需求」，透過加總而成為「市場需求」。供給和需求，就構成了市場的兩股力量。

亞當斯密的《國富論》，是探討整個社會的經濟活動。薩穆爾遜的《經濟學》，也遵循這個傳統。在前半部分，探討整個經濟體系；在後半部分，才分析個別的消費者、廠商等。前半部的材料，主要是「宏觀」（macro）現象；後半部的材料，通常稱為「微觀」

（micro）。然而，隨著經濟學的發展，經濟學者之間逐漸形成共識：宏觀現象，是由微觀行為加總而來；在理論的建構、發展和學科的介紹上，應該是先微觀、再宏觀。因此，自一九九二年起，薩穆爾遜的教材，也調整順序：先介紹微觀，再處理宏觀。

這個小小的轉折，看起來不起眼，卻是方法論上重要的調整。要探討整個體系的現象，先要由個別行為著手；只有掌握了微觀的脈動，對宏觀的探討才有意義。這就是經濟學裡常提到的，宏觀現象的微觀基礎（the micro foundation of macro phenomenon）。在其他學科裡，也有類似的考量。社會學裡，對家庭、社區、宗教等等的探討，也隱含由小到大、由基本單位到群體，一個加總匯集的過程。在政治學裡，政黨和選舉等等，都是宏觀層次的現象。這些宏觀的現象，都有微觀的基礎，也都隱含一個加總的過程。

市場裡，供給和需求互動（相會）之後，會逐漸達到一種穩定的狀態，稱為「均衡」。〈圖3-1〉的左邊，呈現一個典型市場（譬如，冷飲的市場）裡的供給和需求。供給（S）的特性：價格愈高，供應量愈大；需求（D）的特性：價格愈高，需求量愈少。D和S相交的點（E），決定了這個市場裡的價格和交易量。

3-1

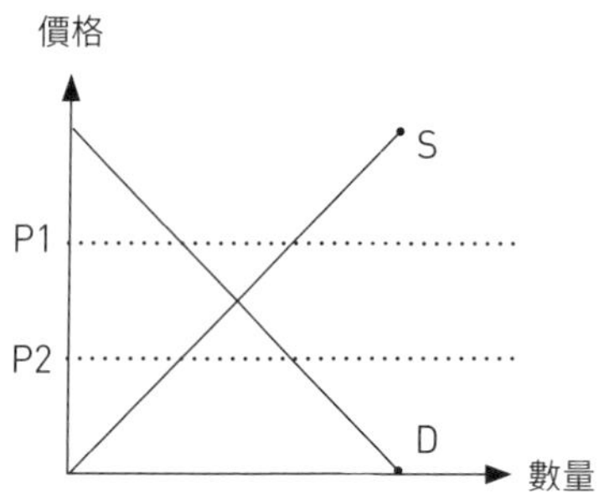

a. 供需均衡

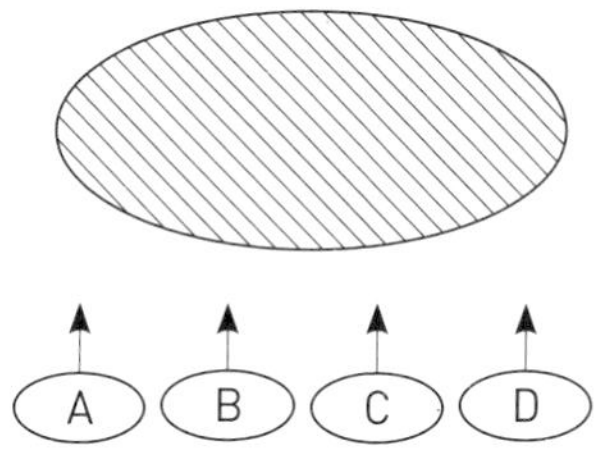

b. 抽象的均衡

抽象來看，「均衡」意味著兩個特性：穩定和重複出現。冷飲的價格，通常不會像股價一樣頻繁波動。〈圖3-1〉的右邊，是把D和S（市場）抽象化。社會現象，通常是由幾個主要力量所支撐；在交互影響下，體系慢慢達到穩定、重複出現的狀態，也就是均衡。

經濟分析，也往往被稱為「均衡分析」（equilibrium analysis）。因為一方面真實的世界約略如此；另一方面，就分析而言，這是一個好的起點。如果市場一直處於變動不拘的狀態，經濟學者將很難提煉出經濟活動的規律性（regularity）。同樣的，對於政治、社會、和法律現象的分析，「均衡」這個概念也有很強的解釋力。而且，〈圖3-1〉的右邊，也透露出探討社會現象的一種途徑：對於眼前的社會現象，可以往下落一層，琢磨支撐這個社會現象的主要因素（major factors），到底是哪幾個。而且，可以進一步追問：如果目前的狀況（均衡）不理想，自己手中有沒有足夠的資源，足以改變主要因素中的一個或兩個？

如果答案是否定的，就表示現況雖然不理想，但改變的條件還不具備，現況還會延續下去。由此，也可以聯結到另一個相關、有啟發性的概念：低度均衡（low equilibrium）。例如貧民窟、尖峰時期的塞車、法治不上軌道時的託關係送紅包走後門等等。「破窗理論」（The Broken Window Thesis）所描述的，也是一種低度均衡：社區裡空置廠房的窗子，若被砸破一塊無人修補；很快的，其他的窗戶也會被打破。最後到處是破窗（垃圾、闖紅燈、插隊……）的狀態，這就是不折不扣的低度均衡。

低度均衡的概念，也隱含對社會現象、公共事務的一種態度：存在不一定合理，存在一定有原因。對於不理想的狀況，最好先了解結構性的因素，再檢視手中所擁有的資源。否則，即興式、想當然爾式的興革，往往是三分鐘熱度、虎頭蛇尾；甚至，短暫變化後的故態復萌，反而讓低度均衡更為鞏固。

在此，我們不妨思考：華人社會（中國大陸、台灣、香港、澳門），普遍很重視「關係」，是否也是一種均衡？主要的支持條件是什麼？

「關係」有潤滑劑的功能，可以化不可能為可能，當然有正面的功能。然而，「有關係就沒關係，沒關係就有關係」；沒有關係的人吃癟，表示篩選或競爭未必公平。因此，關係是一種兩面刃，利弊參雜。

就華人社會而言，法治程度愈高的地方（如香港），關係的重要性愈低。因此，掙脫低度均衡的途徑之一，就是加快經濟發展；社會資源充沛之後，才可能追求其他更高層次（支持條件更複雜困難）的價值，包括法治和民主。

法學角度：律法的強固來自眾人的反覆援用

在法學教育或法學論述裡，幾乎很少看到加總和均衡這兩個詞彙。然而，稍加闡釋，這兩個概念如同兩盞鎂光燈，可以照耀法學的某些角落。

經濟活動裡的加總，是很單純數量的總和。而在法學裡，沒有類似的情境；相對加總的闡釋，最好由另外一個角度著眼。海耶克（F. Hayek, 1899-1992）曾以林間小徑為例，闡明人際互動的特性：兩村相隔，居民往來。在樹林之間原有許多途徑，最後卻慢慢地走出一條明確可循的小徑。這是「自然形成的秩序」（spontaneous order），毋需政府或外力介入。

抽象來看，原始初民社會的律法，也遵循同一種軌跡。群居生活，總有不可避免的摩擦糾紛、燒殺擄掠。如果不善後，生活秩序藐然紊亂，對大家都不好。因此，雖然所處的自然條件不同，都會發展出適合本身的遊戲規則。重要的是，林間小徑是由眾人累積而成；一旦形成，後人經過時的步履，等於是把小徑踏得更為結實深厚。同樣的，初民社會的律法一旦孕育而成，每一次被援用施展，都有擦拭和加固的作用。

也就是說，經濟活動的加總，是一加二加三……法學裡的加總，是滴水穿石、添磚加瓦、蚌殼生珠、鐵杵磨成繡花針一般，是一種沉澱累積的過程。個別、片段、瑣碎的行為，經過漫長時間的凝結固化，累加而成的結晶體。經濟活動的加總，是同一個時間點上，橫斷面的相加；法學裡的加總，是跨越時間、縱貫面上的累積。

而林間小徑一旦形成，日復一日，年復一年；穩定、重複出現，就是一種均衡。同樣的，風俗習慣一旦形成，往往代代相傳，是如假包換的「均衡」。

近二十年，美國法學界的熱點之一，是對「規範」（norms）的探討。《無法之序》（*Order without Law*）一書，廣受矚目，幾乎已經成為經典。作者埃里克森（Robert Ellickson, 1994）對美國加州地區實證研究，發現牧場之間，免不了有牛馬越界之類的衝突摩擦。但是，一旦發生，鄰里之間的處理方式，是當地你知我知，習慣或自然的作法，而不是法律所界定的遊戲規則。

官方的法律，和民間的「法律」之間有落差，所在多有，中外皆然。根據民法，子女繼承時，男女權利一樣。然而，至少在相當長的一段時間裡，民間所接受的是：只有男生（兒子）可以繼承，女生象徵性分得一點點；長孫，也可以分得一份；長子，因為要供奉祖宗牌位，也多得一些。凡此種種不一而足。風俗習慣，是民間所遵循和支持的規範（遊戲規則）；代代相延，就是一種均衡（穩定、重複出現）。由此也可見，「均衡」是一種中性的觀念，本身不含價值判斷。如果涉及臧否，會有額外的成分——譬如，低度均衡。

由均衡可以連結到另外一個重要的概念：路徑相依（或路徑依賴，path dependent）。在目前這個時點（t0）的位置，會影響到選擇的可能性，也因而會影響到下一個時點（t1）的位置。社會的演變，是一種緩慢、連續的過程，而（通常）不是跳躍、間斷式的變化。即使是改朝換代的革命，思想觀念和風俗習慣，也會延續蛻變，而不是嘎然中止。

伊斯蘭裔的美籍學者可蘭（Timur Kuran）長期關注回教世界的演變。他曾為文指出：可蘭經裡的教義，（包括借貸不得收利息）一旦深植人心，世代相襲，會影響千百年後的經濟發展。路徑相依的概念，最早是由經濟學者保羅（Paul, 1985）所提出。他所引用的例子之一，是打字機的字母排序方式；一旦廣為流傳，路徑相依，就不容易改變，即使後來有更合理有效率的排序方式。路徑相依的概念，透過諾貝爾獎得主諾思的宣揚，廣為人知，廣受援引。

反思自然法：道德人人皆有？

在華人文化裡，法學傳統通常包括法家、儒家、道家、墨家等。在西方文化裡，法學傳統必然包含「自然法」（Natural Law）；利用前面兩節的內容，可以對自然法作平實深入的解讀。

西方文化傳統裡的自然法，可以由法學、也可以由哲學來解讀。就法學而言，自然法的核心觀念，大致如是：人們的心目中（腦海裡），都有一些簡單自明的道德（倫理）觀念，經由理性的思辨（reason），可以掌握這些理念和原則，並且成為法律的基礎。

自哲王柏拉圖（Plato, 約427-347 B.C）以降，歷代的哲學家，對自然法的精神，不斷地作出闡釋。然而，精髓所在，卻一脈相承：道德原則簡單自明，是普世價值；透過理性思辨，可以捕捉。而且，自然法是人們的「心中之法」，和真實世界的法律（positive law），未必一致。自然法的神韻，可以藉著文天祥的《正氣歌》來表達：「天地有正氣，雜然賦流形。下則為河嶽，上則為日星。於人曰浩然，沛乎塞蒼冥。」自然法的傳統，正氣

3-2 自然法

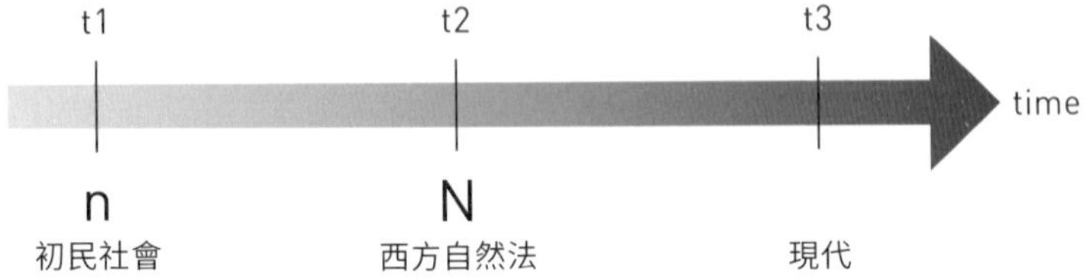

凜然，擲地有聲；成為西方法學思潮不可缺的成分，可以說是有以致之。

海耶克「林間小徑」的故事，事實上為自然法提供了第二種闡釋。「自然形成的秩序」，隱含著一種沒有外力干預，自發，經過嘗試錯誤（trial and error）、慢慢凝結穩固的過程。

這個過程和隱含的邏輯，也呼應了原始初民社會的律法。因此，自然法，除了「心中之法」的解釋外，也可以由「自然形成之法」來闡釋。雖然都是「自然」，但是前後兩者顯然著重不同。西方文化中的自然法，強調道德理念，強調普世價值，也強調亙古長青。相形之下，初民社會「自然形成」遊戲規則，強調的是自然而然的過程、沒有外力干預、和因地制宜的多樣性。

一言以蔽之，西方文化的自然法（Natural Law），是大寫的N開頭，莊嚴神聖；第二種解釋的自然法（natural law），是小寫的 n 開始，平實自然。

對於「自然法」所涉及的問題，還可以作進一步的引申。首先，〈圖3-2〉裡藉著時間軸，呈現了兩種自然法的相對位置。就出現的先後而言，初民社會裡自然而然的發展出各種律法，這是自然法（小 n）；由哲學家（不是初民）提出的自然法學說（大N），不過是最近兩三千年的事。

其次，西方文化中的自然法，是哲人智者由反思中發展而來。他們出生時，已經有各式各樣的法律和道德。因此，憑藉想像和省思，他們「認定」道德是普世價值，並且據以論述。這是一種想當然爾式的論述，對於道德的性質和由來，道德和法律之間的關係等問題，他們所依恃的是自我省察和反思，而不是有憑有據的論證。

再其次，一旦「認定」道德是普世價值，對於三個關鍵問題，等於是避而不談：社會現象（包括道德）「是什麼」？「為什麼」會出現？未來「將如何」？相形之下，對初民社會律法所作的解釋，清清楚楚，像畫連環圖一樣，呈現了對三個問題的回應：是什麼？初民社會的律法，「是」一種工具；為什麼？「因為」有衝突糾紛，所以要善後，要有彼此共存共榮的遊戲規則；將如何？隨著主客觀環境的變化，律法（和道德）將與時俱進；發揮的功能容或不同，但是「工具」的本質卻始終如一。

最後，就理論的完整性而言，哲人雅士所發展的「自然法」（大N）理論，可以說只是不完整的半個理論。能追本溯源，對初民社會律法提出解釋，才是完整的理論。

那麼：由哲學家或社會科學研究者提出的法學理論，何者較有說服力？為什麼？

哲學家和社會科學研究者，涵蓋很廣，個別差異很大。而且，兩個學科探討處理的問題，並不一致。道德和哲學，都是法學傳統中重要的成分。不過，針對法學而言，道德哲學的態度，或許可以表述為：「先了解道德，再了解法律」；相形之下，社會科學（特別是經濟學）的態度，可以精確的表述為：「先了解社會，再了解法律」。道德哲學，是把道德當作理論的前提或出發點；社會科學，則是把道德看成社會現象的一部分，本身需要有合情合理的解讀。

參考文獻

◎ De Soto, Hernando, *The Mystery of Capital :Why Capitalism Triumphsin the West and Fails Everywhere Else*, Cambridge, MA :Harvard University Press, 2000.

◎ Ellickson Robert, *Order without Law-How Neighbors Settle Disputes*, Cambridge, MA :Harvard University Press, 1994.

◎ Heller, Michael A., "The Tragedy of the Anticommons : Property in the Transition from Marx to Markets," *Harvard Law Review*, 111（3）:621-688, 1998.

◎ Olson, Mancur, *The Logic of Collective Action*, Cambridge, MA :Harvard University Press, 1971.

提問 4

“一切只能依法辦理？”

每個人都說我不孝，甚至連親戚都威脅我，說我的父親可以去告我棄養，讓我這個搞不懂倫理的人得到應有的懲罰。我不懂什麼叫做應有的懲罰。這個我理論上要叫一聲「爸爸」的男人，從我出生以來，沒有一天抱過我，更不用說養育我，如果不是阿凱和小威收留了我，我早就不知道流落到哪個街頭去了。對我來說，阿凱和小威才是我真正的父親，兩個父親。只是他們還在等法律讓他們成為合法伴侶的一天。如果總是法律歸法律、現實歸現實，那法律有什麼意義？

著名經濟思想史學者海伯納（Robert Heilbroner）曾描述，人類歷史可以劃分為三個階段：最早的階段裡，人們思維相對簡單，沒有「未來」的概念；第二個階段已經了解太陽明天還是會昇起，可是春夏秋冬、物換星移，未來只是過去和現在的重複；第三個階段，一七七六年工業革命之後，社會快速變化，人們清楚地意識到，未來的社會將和現在、過去不同，而且未來會變得更好。

未來是否會更好，或許有爭議。但是，變遷已經是常態，甚至成為社會脈動的主旋律，卻是不爭的事實。

人與社會如何交互影響

基本的分析架構，是「基本單位—行為特質—加總／均衡—變遷」。如果只有前三者，分析將是不完整的理論；所描述的故事，也將是部分的情節而已。

變遷，本身就隱含時間及過程。藉著〈圖4-1〉，可以清楚呈現變遷的重要內容。這個

4-1　社會變遷

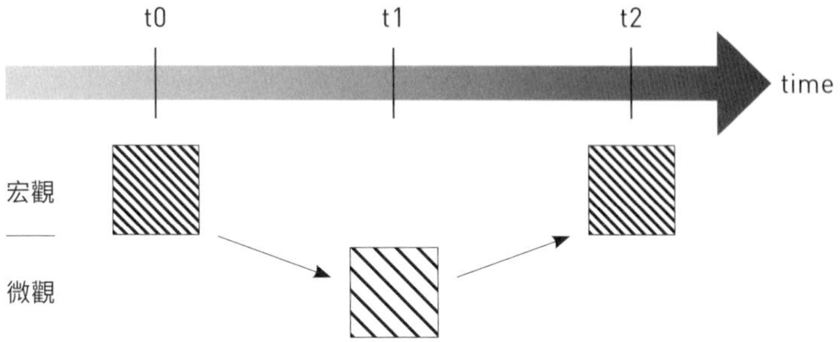

結構擷取自美國社會學會會長、重要社會學者寇爾門（James Coleman，1926-1995）的著作。〈圖4-1〉的左方分為兩個層次：宏觀和微觀；上方分為三個時點t0、t1、t2，分別表示時間流程中三個不同的階段（回合）。很明顯的，階段可長可短，短則三兩個月，長則以世紀或千年計。

變遷的故事，可以約略描述如下：在t0這個時點上，社會（宏觀）的層次已經累積了各種典章制度、風俗習慣、思維觀念等等。這些現存的條件，影響了人們（微觀層次）在t1這個階段的行為。經過互動加總匯集，又影響了整個社會在t2的典章制度等等。由宏觀到微觀，再由微觀到宏觀；這個過程反覆循環，社會慢慢蛻變演化。

這個圖形還可以稍加闡釋。社會的典章制度，是慢慢形成；蛻變的過程，也通常是漸進式的（incremental change）。速度可能像冰河移動般，每年只有兩三公分。另一方面，典章制度可以分成正式的法律規章、和非正式的風俗習慣等。即使革命政變，帶來正式制度的遽變，譬如改朝換代；然而，風俗習慣思想觀念，不可能旦夕之間說變就變。滿清結束之後，還有很多人堅持留著辮子，可為佐證。

利用〈圖4-1〉，對變遷還可以有另外一種描述的方式。一個體系，在t_0這個時點上處於均衡的狀態，穩定、重複出現。然後，由於內在或外在的衝擊（shock），打破了原有的均衡。經過一段時間的調整，在t_2這個時點上，又達到新的均衡。因此，這是一個「均衡—變遷—均衡」的過程。

根據這種描述，探討的重點有幾個：第一，原先的、舊的均衡，和新的均衡之間，各有什麼特質，有哪些差異？第二，變化的種籽，又是由何而來？第三，變遷的過程，又有哪些特質。針對第二點，可以先稍作發揮。

打破原有均衡、促成變化的，通常有兩種可能：外來衝擊（external shock），或內在因素（internal factor）。外來衝擊的例子不可勝數，譬如：麥當勞和肯德基登陸之後，改變了餐飲業的生態；不論在經營方式、品質管制、餐飲空間等等，都帶來明顯的變化。又譬如：義大利蜂被引進大陸之後，中華蜂的生存空間，受到擠壓。兩者之間和平相處、共存共榮的新均衡，至今尚未達成。

內在的因素，可以用「企業家」（entrepreneur）這個概念描述。在原來的均衡狀態相比，企業家是指以新的理念、作風，帶來變化的可能性。新的作法萌芽後，可能茁壯擴展，成為體系的一部分。當然，新的作法也可能曇花一現，很快成為過眼雲煙。《世界是平的》（*The World is Flat*）作者佛里曼描述：隨著網際網路的發展，很多「企業家」摸索出新的商業模式，逐漸成為常態。譬如，透過網際網路，印度的大學生，擔任美國中小學生的數學家教；美國公司的會計業務，由境外人士處理；在台北打電話向麥當勞點餐，接線的服務生是在上海等等。此外，羅振宇的〔羅輯思維〕公眾號，短短幾年之間，訂戶已經接近千萬。透過微信（WeChat），「每天一分鐘」，提供資訊，附帶推銷書籍等相關產品，是二○一○年前後才出現的新生事物。

在二十一世紀初期，網際網路還在蓬勃發展，無論是人際交往，商業活動等等，都還有巨大的潛能，等待各種企業家一展身手。連穩重保守的司法體系，也不會置身事外——二〇一五年十二月中，河南的法院，已經開始利用微信「群聊」的方式，「開庭」處理某些業務。

國民車與豪車相撞，誰應多賠一點？

法學論述裡，經常有關於社會變遷的詞句：「社會日新月異，法律應該與時俱進」。然而，如何處理變遷，工具箱裡援引那些概念來分析，卻似乎只得到很有限的關注。

例如，如果我到夜市吃宵夜，喝了兩瓶啤酒，起身時略有搖晃，不小心碰了旁邊的人一下。他一個踉蹌，手中的茶壺落地粉碎。如果他表明，茶壺是出自名家之手，一把值百萬人民幣，我是否該負起賠償的責任？

由因果關係上看，我撞他，明確具體，毫無疑問；可是，至少有兩點考慮，我毋需承擔所有的賠償責任：第一，他把名貴茶壺帶到夜市，是把「不尋常的風險」帶到人群之中。第二，最小防範成本：他可以把壺放在盒子裡，至少有防護軟墊。因此，雖然是我導致茶壺毀損，卻未必要承擔全部的賠償責任。也就是：在「肇事責任」這個概念裡，「肇事」和「責任」可以切割開來，未必一定要合而為一。

同樣的道理，在「國民車撞豪車」的案例裡，我撞了豪車，交警鑑定是我的疏失，這是「肇事」的部分。在「責任」的部分，也可以有類似的考慮。目前（二〇一七年）主流的法學見解，是根據交通責任鑑定，肇事者要賠償豪車的損失。如果肇事者確實無法負擔（家境不佳等），可以在執行階段彈性處理。

然而，根據前面的分析，在國民車（爛車）撞豪車的案例裡，「肇事責任」也可以切割成兩部分：「肇事」部分，是指對交通事故的解讀。「責任」部分，是指賠償善後的認定。隨著豪車和超級豪車的出現，「肇事」和「責任」分開處理，更符合情理：一方面，一般汽車駕駛人，只面對和承擔有限的風險，而不是豪車這種天外隕石般的風險。另一方面，豪車的擁有者，對於社會正常作息，帶來不尋常的風險，當然應該承擔某種責任。

但我們該如何界定「豪車」？這是一個技術性的問題，也有些許智識上的興味。在此有兩點可以提出：第一，對於幅員遼闊的國度，最好是因地制宜；由適當的立法單位，決定當地的標準為何。第二，無論具體標準為何，總是一種人為設定的尺度；因此，某種程度的任意性（arbitrary）必然存在。

譬如台灣地區，豪車的標準可能為市價數百萬，甚至上千萬台幣；撞上價值幾千幾百萬的車子，怎麼辦？一方面，就像法定二十幾歲成年人，也是一種人為、次佳（second-best）的設計。另一方面，對於「次豪車」，可以採取級距、階梯式的差別待遇。

抽象來看，由「國民車撞豪車」的案例裡，可以體會到社會變遷對法學的影響。當新興事物不斷湧現時，法學理論、概念和解釋，都必須面對考驗。社會的變遷，也可以（或應該）帶來法律／法學的變遷。

再者，社會變遷，意味著人們的價值觀也會慢慢變化（回想〈圖4-1〉）。由價值觀的變化，也可以襯托出法律的重要意義之一：法律未必是追求公平正義，主要是處理價值的衝突。

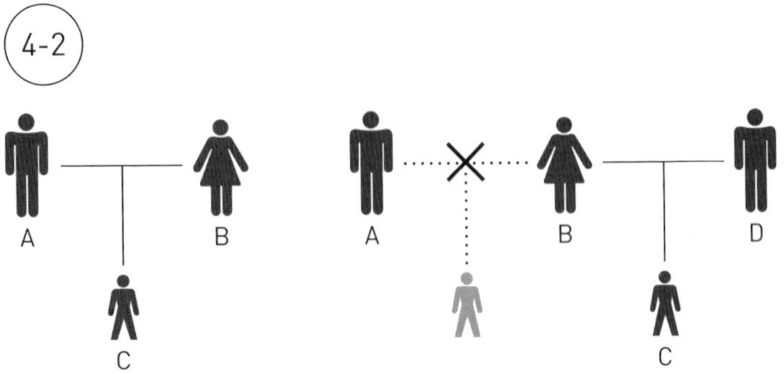

a. 親子關係　　b. 親子鑑定

〈圖4-2〉左邊，呈現了故事的前半部。緣起，是A和B相戀成婚，生了小孩C。右半邊，呈現了故事的後半段。成婚生子後，兩人不合，決定離婚。離婚後，A（男方）對B付贍養費；而且，基於親子關係，A要對小孩C付教育和生活費用等。A享有探視權，和C保持父子（女）關係。

然而，A慢慢覺得，無論是長相或性情，C都不像是自己的孩子。因此將毛髮送作DNA檢驗，發現確實不是自己所生。在有些案例裡，A發現小孩其實是前妻B和前男友D所生；在更特別的案例裡，B和D結婚，再續前緣。既然孩子不是自己所生，A向法院遞交申請，希望終止親子關係，同時停止繼續付養育教育等費用。在華人社會裡，在二十一世紀初，我曾在多個場合裡，徵詢數百位法官檢察官的意見；百分之九十以上都認為，既然不是A所生，理當終止。

然而，至少在美國，面對這種案件，法院的判決前後一致：A要繼續付錢，即使有DNA的檢驗結果。美國法院的立場，可以由兩個角度解讀：第一，以小朋友的最佳利益為利益——面對父親A和孩子C的權益衝突，選擇後者；寧願讓父親（大人）受委曲，也不會傷害小朋友。第二，DNA的技術，界定了「生物上」的親子關係；相對的，幼時朝夕相處，孕育的是「文化上」的親子關係。有哪一種理論學說可以表明，前者一定比後者重要？

特別是，即使在華人社會裡，支持前者（生物上的親子）是目前的主流價值；隨著社會的進展，物換星移，半個世紀之後，支持後者（文化上的親子）的比例是否可能明顯上昇？社會變遷，不只反映在物質條件上，思維理念和價值取向，也會緩慢蛻變。當價值觀變化之後，法律也會自然而然的滯後反應。而且，更重要的是，親子鑑定案例所反映的，法律的主要功能，未必是追求公平正義——有誰能論斷，支持生物上的親子關係、就是符合公平正義的？相對的，這些案例正巧妙的反映了，法律的主要功能，是在處理價值衝突。在不同的價值之間（文化／生物，父親利益／孩子利益，真相／其他考量），社會作出選擇，並且承擔（好或不好的）結果。

「生物上」的父親，和「文化上」的父親，是兩種不同的價值；真相的價值和子女的福祉，也是兩種不同的價值。一旦以子女的最佳利益為參考座標，後者的價值可能高於前者（DNA帶來的真相）。

而，「文化上的父親」和「生物上的父親」，是兩個不同的概念；這種區分有意義嗎？為什麼？

在傳統社會裡，文化上的父親和生物上的父親是合而為一的，在現代社會裡絕大多數的情形依然如此。然而，現代社會複雜的程度遠勝於往昔。文化上的父親，未必就是生物上的父親；在某些比較特殊的情形下，這種區分不但有意義，而且重要。

例如同性戀夫妻或同性伴侶，只要符合領養的條件，也可以領養子女。這時候，沒有生物上的血緣關係，但是文化上的倫常，依然重要無比。或者，父母年紀大時，子女有照養的義務，見諸於法律。然而，在民法修訂的過程裡，已經納出一些例外：在子女年幼時，父母如果沒有盡到養育的責任；當父母年紀大時，子女也沒有對應的責任。這裡的父母子女，指的都是生物上的倫常；然而，如果沒有文化上的倫常為內涵，生物上的倫常，實質意義非常有限。

隨著時代掌握變遷

在觀念上，（舊）均衡—（內外在）衝擊—變遷—（新）均衡，是一個簡單明確的過程。然而，無論是對經濟分析或法學而言，要掌握變遷的過程並不容易。而且，在變遷的過程中，如何面對具體的問題，更是棘手難纏。就法學問題而言，也許有兩點體會，可以作為思索參考的座標。

首先，「追根究柢，立基於事實」。譬如，「天賦人權」的觀點，無論中外，是法學裡許多論述的起點。然而，這種觀點，只是信念（belief），而非事實（fact）。兩點理由足以闡明：第一，「天」，不是行為的主體，沒有意志力，更無從「賦予」權利。第二，「天賦人權」

的理念和實質內涵，都是由「人」來闡述論證的。因此，實際上，是「人賦人權」，而不是「天賦人權」。「人賦人權」，就是立基於事實。在變遷的過程裡，各種價值彼此衝撞，權利經常重組調整，新的權利也衍生不斷。這時候，「信念」往往左支右絀，左右不逢源；追根究柢，找到問題的源頭，讓事實作為論述的起點，往往更有說服力。

其次，「捍衛核心，調整邊緣」。這個立場可以再藉天賦人權為例。幾世紀以來，天賦人權的理念廣為人知；而且，哲學和法學界，都已經發展出一些理論，作為法律架構的基礎。譬如，根據天賦人權，「基本人權」的理論和建構，就顯得自然而然，水到渠成。即使天賦人權的理念有爭議，基本人權的作法已經深植人心，成為普世價值。由天賦人權轉變為人賦人權，要經歷一個過程。立基於人賦人權，基本人權的某些部份可能要隨之調整；然而，在這個過程裡，基本人權的結構、具體的法律，還是能有效運作。

因此，在變遷的過程裡，紮實穩健的核心部分，可以堅守不懈。外圍的部分，可以逐漸棄守，讓變遷的過程，順勢展開。各種力量競爭較勁，再慢慢調整雕塑出新的核心。變遷的過程，也就像是結晶體融解，凝結，再結晶的過程。

就經濟學的分析架構而言，「變遷」是不可或缺的一個環節。然而，和「均衡」這個環節相比，變遷的特質和規律性卻較難掌握。

在社會學和法學裡，變遷也是有著重要的地位。但是，學科特性使然，也沒有類似「一般理論」（a general theory）似的理論結晶。在此，我們可以試著歸納出幾個體會：

1. 寇爾門的架構——「宏觀—微觀—宏觀」（t0、t1、t2）——有助於了解宏觀和微觀之間的互動。
2. 三段式的流程——「均衡—衝擊—均衡」——有助於掌握變遷的基本特質。
3. 企業家以新的思維作法，帶來變化的可能性。
4. 對法學而言，變遷（新生事物）意味著，既有法學概念要重新檢驗。隨著豪車的出現，「肇事責任」的概念，可以切劃為兩部分：「肇事」和「責任」。
5. 變遷也意味著價值結構和體系可能要重新排序。生物上的親子關係，可能漸漸讓位於文化上的親子關係。
6. 法律的作用，未必是追求公平正義，主要是處理價值衝突。

7. 社會變遷過程中，對法學疑難問題的處理，最好是追根究柢，訴諸於事實、而非信念。

8. 面對社會變遷，處理法學疑難問題，可以採取兼容並蓄的態度：捍衛核心價值，外圍概念鬆綁。

在二十一世紀初，網際網路對人際互動、商業活動等，都帶來巨大的衝擊。社會變遷的腳步明顯而且速度加快。對於法學和經濟學而言，探討變遷將是重要的功課。

參考文獻

◎Coleman, James, *Foundations of Social Theory*, Cambridge, MA :The Belknap Press, 1990.
◎Diamond, Jared, *Collapse :How Societies Choose to Failor Succeed*, NewYork :Viking Press, 2005.
◎Friedman, Thomas L., *The World is Flat*, New York :Picador, 2007.
◎Heilbroner, Robert L., *Visions of the Future*, New York : Oxford University Press, 1995.

提問 5

“借刀殺人，刀當何罪？”

他們要我殺了那個女孩，不然就會殺了我。我根本下不了手，更何況我也不認識那個女孩！但他們其中一人將那個女孩雙手反綁，把她推到我面前，硬把我的雙手架到那個女孩的脖子上，然後用槍抵著我的頭；另一人退到房間角落，拿著攝影機對著我們拍攝。「你想活命，就掐死她。」女孩的眼神充滿哀求，那是我這輩子看過最無助的哀求……

實證法學的路徑，是「先了解社會，再了解法律」；案例分析的作用，是為了透過案例來掌握法學思維。兩者的共同點，都是「由真實世界，到抽象理論」。

借刀殺人，刀當何罪？

一位富商遭到綁架，在綁匪的威脅下勒斃一無辜女子。綁匪全程錄影後，放富商自由、回家籌贖款一億元。富商報警，一舉擒獲綁匪同夥。

毫無疑問，綁匪涉及一連串的罪名：擄人勒贖、恐嚇、教唆殺人等。但是，富商呢？受脅迫下致人於死，是否有罪？或者，身不由己，在特殊情況下，適用「緊急避險」可以免責？這不是教科書或試卷的模擬題，而是真實世界裡的情節。司法如何處理，即使不能面面俱到，勉勉強強也能差強人意？

哈佛大學名師桑德爾（M. Sandel），在公開課《正義》裡提到：面對抉擇時，一般人有兩種思維模式。根據信念，對就是對，錯就是錯，這是規範式思維（categorical reasoning）。另外一種，根據結果取捨；有好的結果就做，反之就不做，這是結果式思維（consequentialist reasoning）。桑德爾舉的例子，也十分扣人心弦：為了救鐵軌上的五個人，要不要從橋上把身邊的胖子推下去擋住火車？

然而，在富商被迫殺人的案例裡，桑德爾的劃分卻幫助有限。原因很簡單：根據規範式思維或結果式思維，都不容易判斷富商到底有罪或無罪。深刻一點的解讀，可以體會真正的曲折所在：無論是規範式或結果式思維，都不會憑空出現；這是人類長期演化過程中，基於生存和繁衍的考驗，逐漸孕育而出的特質。面對日常生活的絕大多數情況，粗略的類別（好壞對錯、是非善惡等）足以因應。對於複雜或涉及道德兩難的情境，這些簡單粗略的分類就派不上用場。

道德哲學有時而窮，怎麼辦？也許，摸著石頭過河的務實態度，是能抓老鼠的好貓。具體而言，富商被迫殺人，可以切割成兩部分，然後分別處理。首先是「殺人」的部分。現代文明社會裡，除了合法的任務（戰爭、執行死刑）之外，「殺人是不對的」已經成為普世價值。因此，富商殺人，違反了文明社會眾議僉同的尺度，行為踰矩，應當懲罰。

而且，這麼作除了符合一般人的價值觀之外，更重要的是讓富商有機會洗滌心靈，重新開始，重新做人。

每個人可以自問：即使在被逼迫的情形下，把另外一個活生生的人勒斃，難道心裡過得去、晚上睡得著覺嗎？因此，在「殺人」這部分，處罰富商，讓他有機會為自己的罪過付出代價，是幫了他。懲罰過後，他能夠面對自己，也能夠面對別人。否則，因為「緊急避險」而無罪開釋，即使法律上無罪，難道他心理能不帶罪愆，持平度日？

而針對「殺人」的部分，富商和綁匪，誰的責任較重？為什麼？

表面上看，直接動手的是富商，綁匪沒有動手，最多是教唆。然而有幾點考慮值得斟酌。首先，在自由意志下，富商不會去殺人；在自由意志下，綁匪目標明確，就是要致人於死，作為勒索富商的籌碼。其次，造成生命喪失的主導因素，是綁匪，而不是富商。再其次，在一般情形下，「殺人」的解讀，是直接動手。雖然，在這個案例中，直接動手的富商，只是在受脅迫下被動的執行殺人的意旨；真正殺人的，其實是綁匪。因此，在承擔殺人的刑事責任上，綁匪要大於富商。

由這個特殊案例也可以看出，對於法律條文，直接作字面上的解釋是一般情況。可是，在比較特別的情形下，就值得走出字面，探索事件較完整的意義。根據字面是原則；特殊情況是例外。原則和例外並存，並不衝突。

而在「被迫」的部分。在暴力脅迫下舉止，富商本身就是受害者；如果再加處分，等於是無辜被折磨凌虐兩次。人同此心，心同此理。設身處地，誰沒有同情憐憫的情懷。因此，值得特別處理。

最後，是把「殺人」和「被迫」放在一起，同時考慮：被迫殺人有罪，但是判緩刑，讓富商可以繼續從事生產性活動，有益於社會。同時，讓富商承擔民事責任，優厚賠償無辜喪生女子的家人。一言以蔽之，這種處理，不是各打五十大板，而是在面對不幸事件善後時，儘可能降低損害程度，縮小波及的範圍。

借刀殺人，刀的責任，當然要看刀的角色如何。在這個案例裡，刀的處境還相對簡單。試想：如果綁匪先綁了某人，再把他恨之入骨的宿敵死對頭綁來；而後要他動手行凶，再錄影勒索。這時候，借刀殺人的主角，到底是綁匪或被綁者，誰又是刀，恐怕就不是三言兩語所能道盡了。

鳥事亦有可觀者也

透過網路，大千世界的多姿多彩，不斷更新，也不斷出人意表。最先映入眼簾的，是「大學生掏鳥出售，判刑十年」；因為，掏的鳥是隼，保育類動物。網民譁然，罪何至於此？接著，進一步揭露消息：大學生不是初犯，二〇一四年在網路上兜售的消息被翻出。然後，更多的訊息出現：販售保育類動植物，很多國家的刑罰，最重也不過二至三年。

在更多的資訊陸續浮現之前，在目前這個時點上，不妨稍稍琢磨：就事論事，就法論法，可以萃取哪些人生的智慧？

平心而論，這件事的關鍵，在於「罪」和「罰」這兩個環節。獵取和兜售保育類生物，是「罪」；而判處十年，是「罰」。保育類生物，大致符合兩個條件：珍貴而瀕臨滅絕。可是，這只是抽象的概念，一件事物的意義，是由其他事物所襯托而出。為了「珍貴」的物種，值得動用多少的資源呢？

關於這個問題，美國經濟學者貝羅（Robert Barro）所收集的資料，倒是有借鑑之處。根據他所收集的資料，美國各級政府花在保育類的經費排名，前五名如下：美國禿鷹，斑點貓頭鷹，佛羅里達灌叢鳥，海牛，紅冠啄木鳥。而且，在五百五十四種保育類動物裡，花費最多的前十名，佔了總經費的百分之五十四。可是，這十種動物，其實都不在「瀕臨滅絕」的範圍之內。預算這麼編，經費這麼用，主要是反映了美國民眾的偏好。老百姓喜歡禿鷹，因為代表美國精神，是總統座機空軍一號的標誌等等，所以砸下大筆的經費。

由此可見，生物上的價值（瀕臨絕種），是一種排序（ordering）；民眾心理上的好惡，是另一種排序。這兩種之間未必一致，也未必有明確的高下。經費和法律上的取捨，往往遵循不同的邏輯。大學生所犯的「罪」，是根據法律（也就是生物）上的排序；對於排序容或有不同的見解，但是爭議不大。

比較麻煩的，是「罪」的部分。處罰的方式和內容，由原始初民社會以降，就不是簡單的問題。最極端的懲罰，是誅九族；處決個人，有五馬分屍、凌遲處死、斬、絞、電椅、槍決、注射等等作法。這些，都是懲罰排序的極端，其餘是無期徒刑、有期徒刑、拘役、罰金等等。有趣的是，追根究柢，多重的懲罰合宜，並不容易回答。法學界的大老和小老們，不妨藉機啟迪民智：為什麼結夥擄人勒贖，要剝奪生命？為什麼偷竊財物，是徒刑五年以下？

刑法看似嚴謹，其實還是有相當的任意性（arbitrary）。懲罰的界定，往往是採取「插入法」：看起來比十年輕、比兩年重的罪刑，就「認定」值得懲罰五年。至於為什麼不是四年或六年，最好不要打破砂鍋問到底。然而，隨著社會的進展，「罰」的內容和方式也有諸多變化。對於白領犯罪（譬如金融詐欺），有些國家的處分：週一到週五，可以照常工作，週末再到牢裡休息。既保留了生產力，也發揮了懲罰的作用。

對於掏鳥販售的年輕人，不妨「考慮」兩階段的懲罰：第一階段，參考高度文明的新加坡（國民所得五萬五千美元，促成習馬會），先鞭笞數下。然後勒令工作，限制活動範圍；幾年之後考核，是否再動鞭子。當然，這只是建議，重點不在鞭刑，而在於「兩階段懲罰」：儘可能不要傷害生產力，儘可能活用儆示觀察的手段。

無論如何，對於這件事，古有明訓：雖鳥事，必有可觀者也，究其精微，善莫大焉。

法律的點線面及其他

除了在課堂裡教大學生和研究生之外，我偶爾也受邀到培訓單位客串，教法官和檢察官等法律界人士。時間一久，略有薄名；有些司法機構，在安排培訓課程時，會指定我講授「法律的經濟思維」。

面對站在第一線的司法專業人士，討論實際案例是主要的內容。除了我介紹的中外官司之外，三不五時，也會碰上一些他們正在處理的疑難雜症。對我而言，這是硬碰硬的考驗，饒有智識上的趣味。

不久前，課間休息時一位檢察官問我，他們手上有一個案例，開了幾次檢委會，一直不能決定該用什麼罪名提起公訴。其實案情並不複雜。一對年輕夫妻不睦，常爭吵嘔氣；後來先生罹病而逝。男方家屬很不平，帶著棍棒到家裡，把傢俱等打砸一氣。過程中發現了一些金銀細軟，就強行帶走。女主人報警，而且聘了律師，希望檢察官能以「搶劫罪」起訴亡夫的親友。搶劫是重罪，一旦成立至少要判好幾年。那麼，以「搶劫罪」起訴，適合不適合呢？

也許，學科間視角不同，在某些問題上特別明顯。以我（經濟學）的背景來看，這個問題並不特別困難。當初，刑法專家們在商議刑法的各個條文時，腦海裡少不了有一些「標準情境」。在設想「搶劫罪」時，可能是月黑風高的攔路者，也可能是白晝亮傢伙「要錢要命」的狠角色。絕對不會是親戚之間，因為洩憤、見財臨時起意的作為。因此，用「侵佔」或「搶奪」，可能要比用「搶劫」更貼近這個家庭糾紛的原委。

我的回應，似乎稍有幫助。沒想到，最近聽到另一件官司，又讓我產生類似的聯想。

一對年輕夫妻，彼此商量後，合作賣淫。男的當仲介和馬伕，女的出賣肉體。這是極其特別的組合，但並不是絕無僅有的個案。公安逮人之後，面對難題：女的賣淫，相對簡單明確。可是，男的呢？如果以「仲介賣淫」處理，一旦罪名成立，刑期可以達五年以上。相對的，如果以「共同賣淫」處理，拘役十五天／勞役罰鍰。五年和十五天，可是不小的差距。關鍵所在，就是「配偶」能不能算是「仲介」？

對於這個案例，和前面「親屬間搶劫」的難題一樣，有一個明確的切入點。在研擬刑法的「仲介他人賣淫罪」時，「標準情況」大致是憑藉暴力威嚇或其他手段，逼迫女子賣身。

仲介賣良為娼，使弱女子受到心理和肉體的雙重剝削；因此，重判五年，殺雞儆猴。然而，夫妻共同賣淫，女的並沒有受到肉體和心理上的剝削。精神和心理上可能有的衝突掙扎，適合小說戲劇細細剖析；但是，那不是法律所要處理的空間。先生的「仲介」是事實，但是和刑法制定時所設想的「仲介」，顯然大相逕庭。

由這兩個案例中，還可以提煉出兩點重要的啟示：首先，一件事物的意義，是由其他事物襯托而出，在想法學（律）問題時，不妨先試著找一個有意義的參考座標；對照之下，容易彰顯問題較完整的面貌。其次，台灣最高行政法院知名法官帥嘉寶的智慧結晶：法律，只是一個點。而真實世界的案例，往往涉及一條線，一個平面，或一個主體。如何由生硬的法律條文聯結到豐富多樣的大千世界，必然先要對社會現象有深入的了解。

「家屬搶劫」和「夫妻賣淫」，是真實世界的兩點小水珠；如何揮灑，確實是對法學界工具箱裡武器配備的考驗。在夫妻共同賣淫的案例中，若不適用「仲介」他人賣淫，似乎隱含著縱容鼓勵的味道；對於維繫家庭倫常，似乎是開倒車？

刑法對「仲介」他人賣淫重罰，主要是希望遏止以暴力脅迫或毒品控制、逼良為娼。夫妻之間合作，顯然不是這種情形。因此，女性的身心，並沒有受到傷害。而且，這個法條所處理的，本來就和家庭倫常無關。極少數特殊情形，似乎還沒有嚴重到要恪守條文、一視同仁。

另一方面，維繫家庭（夫妻）倫常，主要是受其他因素影響，而不是由法律主導。譬如，子女會不會探視父母，受很多因素影響；因為法條規定，而增加探視父母的子女，可能很有限。而且，即使符合探視父母的形式要件，實質內涵如何，難道法律也能幫得上忙？

剝開理論表面

對於實際案例，有幾個明確的參考座標可以援引；由不同的參考座標襯托，往往可能捕捉案例不同的重點，而後兼視而明，可以有比較完整平實的掌握。重要的參考座標，包括：第一，法律條文；第二，立法意旨（初衷）；第三，在原始社會，將如何處置？第四，富裕社會，司法資源充沛，將如何處置？

針對前面三個案例，可以更具體的勾勒出所涉及的理論、和相關的概念。

在借刀殺人的案例裡，棘手在於「刀」的部分。被擄的富商，一方面受到脅迫，受了委曲，本身是受害者。但是，另一方面，在脅迫之下，他勒斃了無辜的人；對被勒斃的人而言，他是不折不扣的「凶手」。

法律（以及社會）對他的處置，就要斟酌他的這兩種身分。兩種身分意味著：兩種不同的價值，而且方向相反，彼此牴觸。對於這種疑難雜症、特殊案件（hard cases），通常兩種價值都要考慮；兩種價值的主從和輕重，當然要看相關的條件，畢竟——惡魔藏在細節裡。

而在鳥事這個案例裡，年輕人的「罪行」不是重點；值得思索的是懲罰的部分。前面特別指出兩點：第一，原始初民社會，處罰往往和罪行呼應：以眼還眼，殺人償命。這種「應報」（retribution）的邏輯，看似原始，但操作簡單。意外發生時，保險的理賠，也有類似的觀念，都是損失填補原則。

第二，對於罪刑和罪犯，處置的方式有很大的空間；著重所在，也各有不同。譬如：刑事政策的主要目標，是讓犯人為自己的罪行，付出應付的代價；或者，是讓犯人儘快回到社會，回到常軌？

在搶劫和夫妻共同賣淫這兩個案例裡，以構成要件來思索，「搶劫」和「仲介賣淫」都符合法學的「三段論」。大陸法系裡，這是正統而標準的思維方式；參考座標，就是法律條文、以及甲說乙說等闡釋。

相形之下，前面提出另外一個參考座標：制定刑法時，典型的搶劫和典型的仲介賣淫，是何種場景？顯而易見的，不會是家人親屬間的糾葛，也不會是夫妻聯手賣淫。在考慮個案時，特別是疑難雜症時，這兩個參考座標都值得援引琢磨。抽象來看，多打幾盞鎂光燈，更能烘托出案件的全貌。

參考文獻

◎Barro, Robert, *Getting in Right :Markets and Choices in a Free Society*, Cambridge, MA :The MIT Press, 1996.
◎Cheung, Steven, "Fables of the Bees :An Economic Investigation", *Journal of Law & Economics*, 16 (1) :11-33, 1973.
◎Hsiung, Bingyuan, "Benchmarks and Economic Analysis", *Review of Law and Economics*, 5 (1) :75-99, 2009.
◎Posner, Richard, *Law and Literature*, Cambridge, MA : Harvard University Press, 2009.

第二篇

在了解法律之前

法律的形成和變遷，也是社會現象之一。對於法律的基礎，傳統法學多是立基於道德哲學。相形之下，社會科學追本溯源，由初民和原始社會開始，描述法律的出現和性質、以及道德的功能。第二篇的意義，是在第一篇的基礎之上，建構「實證法學」(A Positive Theory of Law)。

提問 6

“在法律出現之前，人們愛怎樣就怎樣？”

二〇一五年，在中國大陸浙江紹興地區偏僻山間，有戶人家治喪，鄰人發揮守望相助傳統過來幫忙。其中一個鄰居開小貨車送飲料食物過來，一不小心擦撞了另一名正在處理輓聯的鄰居，遭撞者重心不穩翻落山澗，不幸身亡。一件喪事堆疊了另一件喪事。對於這個意外，身亡者、送貨者、原喪家，各該承擔多少責任？在不習慣以法律為規範標準、一切以人情為上的遠古或偏鄉社會，又該如何思考？

回到從前

顧名思義，波斯納（Richard Posner）的文章“A Theory of Primitive Society”，是對原始／初民社會提出一種理論上的解讀。這種論述方式，呼應了「先了解社會，再了解法律」的第一步。這篇文章內容平實淺白，然而在方法論上有很多深刻的意義，值得強調。當然，這些闡釋未必是作者本意，作者也可能沒有體會到。重要的是，讀者經由這些闡釋，是不是對這篇文章以及對法律和法律經濟學有新的認識。

第一，以原始或初民社會為主題，提供了一個明確的參考座標（reference point）。在經濟學裡，有很多知名的參考座標：完全競爭市場、魯賓遜的世界（後來加上星期五）等；在社會科學裡，韋伯（Max Weber）理想型（ideal types）的概念，也廣為人知。這些概念或設想的情境，你知我知，在真實世界裡未必存在。但是，因為結構簡單，容易掌握關鍵特質；所以，容易眾議僉同，作為思索和探討的起點，也就是作為襯托對照的依據。

第二，原始初民社會裡，無論是物理條件或人文條件，都相對簡單；因此，在作分析和推論時，容易辨認出關鍵的主導因素。用經濟學的術語來描述：對於原始初民社會呈現的「均衡」，容易往下落一層，掌握支持均衡的主要條件因素（major factors）。譬如，因為群居（安全考量），彼此相鄰；而且，房舍所用的材料簡陋，隔音效果不佳。鄰人彼此言語小心，不會道人長短，免得身家性命有三長兩短。著名材料物理學者香港城市大學程海東教授，現在（二〇一七年）為澳門大學副校長。他曾表示想寫一本書，書名就是「物質材料與人類文明」——由人們使用材料的變化，闡釋人類文明的演進。波斯納的原始社會，剛好呼應程海東的想法。因此，原始初民社會，提供了一個簡單、生動活潑而又鮮明的畫面，有助於掌握各種因果關係。無論在教學和分析推論上，都有相當的幫助。

第三，原始社會裡，沒有手機和網際網絡；但是，人際相處時基本的摩擦（燒殺擄掠、詐欺搶騙等等），當然一個不少。因此，日積月累，為了生存，必然會發展出一些善後除弊的工具，否則社會將無以為繼。原始社會裡，沒有法官警察，也（可能）沒有民法刑法之分；但是，基本的原理原則已經存在。在面對當代法律問題時，不妨由情節中心抽象化，而後自問：如果這種事發生在原始社會，大概會怎麼處理？這麼思索，往往能揣摩出著力點，作為進一步分析探討的起點；或者，藉著襯托，可以體會到，如果發生在原始社會，將會處理哪些核心的部分。而且，法學裡經常出現「以辭害意」的情境，基於一個有問題的前提，作出違反事情常理的解釋，結果是錯上加錯。譬如，保險法裡，往往認定「保險以填補損失為原則」，然後認定生命損失無從填補，所以人身保險不適用被保險的規定。因此，以辭害意，往往就和刀筆之吏、見樹不見林等等連在一起。可是，只要回到原始社會，重新檢驗，通常就可以抓住重點，看清究竟，避免「以辭害意」的缺失。

第四，最重要的一點，探討法學，最好「先了解社會，再了解法律」。掌握了原始社會的特色之後，就很容易體會原始社會的律法。在邏輯上，這是比較嚴謹完整的論述；在事實上，這是人類演化的真實過程。而且，在教學上，無論是民法、刑法或訴訟法，以原始社會為題材，很容易就展現各個部門法的主要脈動所在。

也許，當初波斯納以原始社會為主題，只是想牛刀小試，琢磨一下經濟分析的說服力。然而，他福至心靈的揮灑，卻不經意的提供了一個生動活潑、簡單明確的參考座標。對於研習法律，原始社會確實是一個很好的起點。

這時，我們不妨來討論：劉邦入關中，約法三章：「殺人者，死；傷人及盜，抵罪」，該如何解讀？

劉邦的約法三章，實則巧妙呼應了初民社會的律法。社會在大亂初定時，要以簡潔（成本低）的方式操作法律。畢竟大亂初定，人心思治。資源有限，與其精緻周到，不如粗糙明快。因此，約法三章裡，只有實體法，而沒有程序法。實體法是必需品，程序法是奢侈品。而且，由政權的角度著眼，恢復社會秩序的重要性，遠遠超過維護個人權益。在華人歷史裡，最後這個特點一直成立。

道理淺中求

波斯納的這篇論文和第一篇分開來看，各有各的價值；然而，放在一起，價值大幅上升，典型的一加一大於二。

首先，就內容來看，主要有兩個重點：原始社會的律法，以及由經濟分析角度提出的闡釋。第一部分是素材，是人類學家的貢獻；第二部分的解釋，是經濟學者的貢獻——如果波斯納沒有接觸經濟分析，很難想像會有這篇論文、有這種解釋。其次，整篇文章的主旋律，其實就是環繞一個重點：節約成本。在資源匱乏的原始社會裡，最好以低成本的方式操作司法、實現正義。因此，降低成本是一切行為和制度（遊戲規則）的主要驅動力（the major driving force）。在另外一篇論文裡，波斯納提到：大概到十六世紀時，冰島才出現了處理公眾事務的「公務員」，而且是兼職。原因很簡單：初民社會，事務簡單，不需要全職公務員；而且，各自要面對大自然考驗，維持生存，沒有多餘的資源養活專職公務員。由成本的角度，原始社會律法的脈絡，一清二楚。

再其次，眾所周知，法律可以分為實體和程序。無論是實體還是程序，節約成本（cost reduction）的斧鑿，都清晰可辨。就程序而言，精緻嚴謹的程序，要耗費資源，是奢侈品；原始社會裡，只能負荷必需品。因此，認定因果關係和執行上，都以最簡單、直接、不拖泥帶水的方式來處理。譬如，現代社會裡，處理「故意」和「過失」，會有不同的方式；然而，要區分這兩者，可能要耗費心力時間。兩者一視同仁，成本較低，也就是原始社會所採納的方式。同樣的，在實體方面，不會有十分精緻的劃分；幾個大原則，就足以應付絕大部分的問題。譬如，以牙還牙，血債血還。

又其次，律法（遊戲規則）的形成，本身就是一個漫長的過程。因此，雖然是初民社會，「多回合」的概念已經鑲嵌在諸多規則裡；譬如，親友族人的連帶責任，必然要透過多回合交往互動而實現。傷害族人之一，就是傷害了全族，全族的人都會採取報復。藉著連帶責任，希望更有效的發揮獎和懲的功能。當然，既然是連帶責任，也就可能會有「別人惹事，自己分擔責任」；人人都會體會到，對個人而言，其中有微妙的不公平不合理。然而，利弊參雜（a mixed bag）之下，連帶責任成為選項。也就是，種種律法的內容，都反映了某種取捨（trade-off）：個人和群體、短期和長期、精緻和粗糙等等。

由方法論的角度，這篇文章自然而然的傳遞出一個重要的訊息：社會現象容或有許多不同的樣貌（configurations），但是背後的解釋，很可能只是幾個主要的概念。掌握好的分析架構，就可以一以貫之，以簡馭繁。還有，拉開距離看，這篇文章比上一篇更清楚：原始社會的律法，是一種工具性的安排，具有功能性的內涵。面對主觀客觀條件的束縛，初民社會裡的人們，經過嚐試錯誤，發展出一套差強人意的遊戲規則，不完美、不精緻、不重視個人尊嚴，然而在當時的條件下，是一種限制條件下有效率（constrained efficient）的作法。因此，由經濟分析（特別是成本）的角度著眼，容易掌握原始社會律法的脈絡。

對於研習法律而言，原始社會的律法還有額外的特色。當代社會裡，無論體制如何，政府總是存在；因此，很多對法律的解釋，就以政府存在為前提：「法律，就是政府展現公權力。」可是，原始社會裡，處理燒殺擄掠的，難道不是「法律」嗎？「以辭害意」的情形又出現，「原始社會的不是法律，是規則」。這種扭曲對於分析方法傷害特別大：明明可以以簡馭繁、一以貫之，結果繁文縟節，模糊了焦點。

原始社會，沒有政府，但是長老會議和成人會議，還是具有公權力。公權力的形成、內容等等，不是上蒼和神祇的教誨，而是人們逐漸雕塑而成，是「自然形成的秩序」（spontaneous order）——海耶克發明的概念。自然形成，意味著無庸外而求也，可以自給自足；在探討社會典章制度時，這是重要的體會。

相對於現代社會盤根錯節的結構，原始社會簡單明確。原始社會的律法，也簡單明確；反映了當時的自然條件和人文條件，也反映了當時主要的影響因素（dominant factors）。原始社會沒有樸素古拙之美，卻有粗魯率直的特質。最重要的，是一個好的參考座標；道理淺中求，這是張五常的名言之一。

原始社會的律法

波斯納的原始社會，本身也可以看成是一個精心描繪的參考座標。由人類學者著作中，可以知道世界各地的初民社會，有各自所面對的自然條件，因此發展出各有特色、著重不同的法律。然而，在波氏兩文中，基本上抹去地域性差別，而是以一種綜合（integrated version）或代表性特質（stylized facts），作為描述和闡釋的材料。

相比之下，何貝爾（E. Adamson Hoebel）的著作*The Law of Primitive Man*，描繪五個初民社會的律法：在呂宋原始社會中，爭執發生時，「中間人」的地位重要，財產（土地、水權）也非常重要；相形之下，對愛斯基摩人，土地和相關權利並不是非常重要。北美印地安人有很多族群，也發展出各自的律法；由英法等殖民國家取得槍械後，開始以獵捕野牛為主，對身外之物不特別重視。夏安族的指揮體系，分為平時和戰時，後者包括圍捕野牛時，對違規者（躁進或無心犯錯），執法人員可以殺其馬、鞭其人、砸其槍；而後，首領立即善後，把多的槍馬分給違規者，繼續圍捕。特色是儘可能不傷害生產力，懲罰是有限度的，而且立刻回復戰鬥力。執法者的身分兼具功能性和臨時性；一旦行動結束，一切回到平時。

新幾內亞群島附近的初民社會，不同村落的人衝突時，會競相背大量番薯到鄰村空地，展現自己的誠意和實力。發展出這種儀式性作法，當初的情境已經很難捉摸，也沒有必要勉強解釋；人類學家要記錄收集材料，社會科學研究者（理論上）只要能有效解釋其中一部分即可。巫法巫術，是面對諸多不可知、無法掌握的環境時，自然而然發展出的世界觀，不能以「理」解之，就以「神奇」視之。是自求多福的方式之一，也是工具性的安排，也有功能，但是誤差變異較大。

由五個不同的初民社會，可以得到重要啟示：遊戲規則，和自然環境（生活型態）密切相關；逐水草（狩獵）而居的部落，需要不同的規則，相較於從事農耕為生的部落。法律是演化而來，基礎在於人類社會的實際經驗，而不在於道德哲學。原始社會，部落之間的紛爭，往往由個人而起，而擴及整體。部落之間有很強的動力，希望儘快撫平衝突，繼續和平共存。因此，應報（retribution）是重要的遊戲規則，行為的因果。應報，顯然是充填「正義」的重要內涵，卻不等同於正義。可見得，正義是逐漸發展出的概念，而應報和正義都是工具性的安排，發揮了功能性的內涵。

原始社會律法的最後一章，希望引申：由原始社會的律法，歸納出一些原則，可以推演到國際間。作者何貝爾認為，國際間似乎就處於原始初民狀態，做了一些想當然耳、純情式的推論，說服力有限。令人不由得思考：原始社會和叢林法則彼此呼應嗎？為什麼？

叢林社會的特徵，一般認為有兩點：無政府或公權力，人際之間如一盤散沙。在這種情境裡，通常會是「實力界定權利」（Might makes Right）——或者，力量決定是非。常被隱喻的例子，是越南淪亡後難民船上的狀況。

然而，即使是拳頭大小決定聲音大小，只要經過一段時間的相處，還是會形成一種均衡，生死與共（Live and let live）。拳頭太過囂張的人，晚上不會睡得安穩。原始社會主要的特質是資源有限，所以負荷不了昂貴的工具。遊戲規則（律法）的特質是明快簡捷，過得去、差強人意即可。

無論是在波斯納或何貝爾的論述裡，都沒有特別處理道德（morality）。原因其實很簡單。在原始／初民社會，道德和法律是合而為一的；法律就是道德，道德就是法律。兩者都隱含獎懲，而主要的功能都是維持遊戲規則，彼此共存共榮。合而為一的理由也顯而易見：支持和操作一種工具，成本低。只能當資源豐饒，有餘裕之後，才可能運用兩種工具。初民社會裡，只能支持粗糙的正義（raw justice）；當條件充沛之後，才可能支持精緻的正義（refined justice）。原始社會裡，只有必需品，沒有奢侈品。

當然，日常生活中，道德無所不在；因此，由個人的價值（道德），延伸到整體，也是自然的擴充。或者，換一種描述的方式，「道德」本來就是各種社會所演化而成的遊戲規則。哲學家只是用理論加以體系化而已，是由下而上，最後忘其基礎的過程。亦即，社會依恃道德，如社會依恃宗教和法律。而華人文化中，卻只有道德；法律和道德幾乎合而為一，且法律為政治服務，沒有獨自發揮的空間。道德的空間大，且排斥其他的工具。

西方法學發展走上自然法和道德哲學，有點像華人以儒家為治國原則一樣；忘了原始社會的發展，以哲學家解讀為依據。在歷史中的某一個階段，不知不覺的，或認為是一種提升，接受了道德哲學，放棄了實證基礎。對歷史的解釋亦然，已經發生的事無法重建；針對一些較沒有爭議的「史實」，希望提出較完整、彼此支撐的解釋。增添對過去的理解，對於當下和未來，未必有直接的關聯；同樣的材料，一直在炒同樣的菜。

參考文獻

◎ Briggs, Jean L., *Never in Anger*, Cambridge, MA :Harvard University Press, 1971.

◎ Hoebel, E. Adamson, *The Law of Primitive Man*, Cambridge, 1st edition, MA :Harvard University Press, 1954.

◎ Ostrom, Elinor, *Governing the Commons :The Evolution of Institutions for Collective Action*, Cambridge, UK :Cambridge University Press, 1990.

◎ Posner, Richard, *The Economics of Justice*, Cambridge, MA : Harvard University Press, 1983.

提問 7

“所有的罪都會受到懲罰？”

阿莫在一次飯局認識了小靈和安如，三人相談甚歡。交情漸熟之後，阿莫開始編造各式各樣的理由，先是向小靈借錢，說是要做生意；而後追求安如，讓安如成了他的女友，頻以結婚為由，要安如為兩人未來著想，替他墊付各種生活支出。事後發現阿莫根本已婚，生意也是幌子。小靈與安如一同決定告上法院。無奈小靈拿得出阿莫借錢的紀錄可供證據，放了真心的安如卻完全無計可施。同樣都是說謊，為什麼有的人可以用法律制裁，有的人就是拿他莫可奈何？

在英美習慣法裡，除了刑法之外，通常分成三大部門：財產法（property law）、契約法（contract law）和侵權法（tort law）。經過長時間的發展，這三個領域的範圍和邊界，逐漸形成眾議僉同的習慣，這是「習慣法」的精神。然而，波斯納卻慧眼獨具，提出令人眼睛一亮的觀點。他認為，這三個部門法之間，其實彼此相通。一個財產法的官司，可以經由適當的闡釋和包裝，轉換為契約法或侵權法裡的案件；反之亦然。在智識上，波氏的論點很有啟發性，箇中原因也值得琢磨。

然而，把場景拉遠一點，波氏的論點其實理所當然。試想，在原始或初民社會裡，不可避免有著各式糾紛，眾人也發展出因應善後的措施。當然，原始初民社會裡，不會有閒情逸致，把糾紛區隔為財產、侵權、和契約。而且，這個觀點可以再往前延伸一步：在原始初民社會裡，糾紛衝突就是麻煩是非，需要處理；要撫平波折，社會回復正常。因此，不但財產、契約和侵權的區分杳無蹤影，「刑法」和「民法」的劃分也不存在——至少在某一個階段裡，不會如此區分。這意味著，在最早最早的群居社會裡，只會先發展出簡單的概念。隨著社會發展和逐漸複雜，資源充沛之後，才會逐漸孕育出較精緻細微的概念。

在古老的初民社會裡，「罪」與「罰」的概念大概是最早成形的。那麼，追索到極致，這兩個概念的核心意義，到底何在？

罪：法律管不了所有的罪

首先，「罪」這個字眼，是由很多概念所充填。其中的曲折，值得稍稍琢磨。罪，意味著有人（或動物、或事、物等）受了傷害；相對於原先的狀態，情況變得比較不好。其次，「傷害」有很多種，物質心理、輕重大小都有不同。中年喪偶、老年喪子，是椎心之痛；男女交往，熱戀後分手，是刻骨銘心的痛。然而，即使傷害很重，未必被劃入「法律」所要處理的罪。相形之下，向別人借一萬元不還，傷害有限，卻是法律所要處理的「罪」。再其次，對於「罪」，要經過某種過程的認定，無論粗糙與否。而且法律所處理的「罪」，必須具有某種程度的客觀性，能被（相關的）執法者所辨認。最後一點，在原始初民社會，「罪」與「罰」之間，往往關係密切。「以牙還牙、以眼還眼」和「殺人、償命」，都是罪和罰直接對應的例子。

大陸法系裡，對於「罪」的認定，往往參考兩個指標：主觀惡性是否重大，社會危害性是否重大。如果同時符合這兩點，罪責重大，也就應該重罰。然而，這兩個指標，本身已經隱含了價值判斷：行為者主觀上的「惡」、和行為在客觀上的「危害性」。至於什麼是「惡」和「危害性」，基本上並不處理。

由經濟分析的角度，可以利用「外部性」（externality）這個概念一以貫之。簡單地表示，外部性就是指一個人的行為，對其他人造成的影響。既然是對他人的影響，必然是主觀的感受；如果眾人都有類似的感受，經由匯總和交集，主觀就具有某種客觀性。既然是影響，當然可正可負；「罪」所指的，就是行為對他人造成負的、大的外部性。而且，即使是大的和負的外部性，法律也只處理其中的一部分（讓人心碎的愛情，法律通常不處理）。因此，「罪」和法律變成是連體嬰，法律所認定的違規行為，是罪行；法律不涵蓋的行為，即使有很大的負外部性，即使違反道德戒律，但不是法律所認定、狹隘的「罪」。「罪刑法定主義」，巧妙地連結了罪和法律這兩者。

隨著都市化的發展、經濟活動的擴充，人際互動和過去截然不同。法律的功能，主要是維持一套遊戲規則，使人們能自由自在的交往交易。法律的作用，不再是追求公平正義，而主要是處理多元價值間的衝突。過去懲罰罪行以「除弊」的考慮，已經漸漸的被「興利」的考慮所取代。譬如，高速公路處罰超速、重罰酒駕，股市處分內線交易、人為操縱股價等等，與其說是除奸懲凶，不如說重點在於維持正常秩序，人則各得其所、共存共榮。

二十一世紀初，傳統的打砸搶殺的案件，已經在刑案中逐漸減少比重；代之而起的，主要是金融和經濟犯罪。由外部性以及「除弊以興利」的角度，更容易體會處理金融和經濟犯罪的意義及目標所在。

許多社會都有「重利」罪。這個罪行，主要是著眼於除弊、還是興利？

關於「重利」的作法，現代文明社會普遍認定是非法。法學教育裡的解釋，常常是：趁人之危，違反公平正義。其實，對於重利非法的原委，還可以作較精緻完整的解釋。

重利，通常就是高利貸，以（遠）高於市場行情的利息，提供資金給需求者。這種做法不好，趁人之危是明顯的理由。譬如，沙漠裡車子用完汽油，路過的車子以高於市場十數倍的價錢賣油解圍；即使當時勉強同意，事後也可以拒絕履行。這種情形，有一點像是「緊急避險」的反面——特殊情況下，容許採取某些自救避難的措施。

更深刻的理由，是重利對雙方都容易誘發逾矩的行為。因為重利，一旦償還有問題，提供資金的人得不到司法濟助，往往訴諸於暴力脅迫恐嚇等手段。另一方面，借錢的一方，有高利的資金可以運用，往往涉入高風險或投機性濃厚的作為。結果往往是，報酬未必實現，卻要付高利息；或者，利上滾利，小問題變成大問題。所以，禁止重利，等於是藉助於司法的力量，在源頭上遏阻雙方，不值得、不可以、不應該採取風險過高的行為。換一種描述的方式，就是社會（包括司法體系）不希望面對重利所誘發的行為、以及重利所造成的後遺症（爛攤子），因此預為之計，認定非法。即使是雙方自願，即使有「私法自治」的理念。一言以蔽之，對於「重利違法」，可以不從公平正義出發，而是著眼於「重利」帶來的後果。

罰：殺雞儆猴的期待

對於罪行的懲處，就是「罪」與「罰」的後者。歷來哲學家（法律學者）的共識，「罰」通常隱含幾個條件。第一，執行處罰的，是具有某種權威的主體；意為：就法律而言，私刑和家法，算不上是「罰」，是有爭議的。第二，對被處罰的人而言，「懲罰」之後，必然是帶來福祉下降。第三，被處分的原因，一定是和當事人（被處分者）的行為有關。第四，當事人對於違規的行為，應該承擔某種責任。意為：如果純粹是意外，可能善後需要賠償，但當事人本身不一定被懲罰。

至於懲處的原因，根據歷來的討論，可以簡單列舉如次。第一，遏止（deterrence）和預防（prevention）：藉著處罰，可以產生示範效果，避免未來類似的犯行。連坐和誅九族的作法，是傳統政權展示維持綱紀的作法之一。除了避免當事人親屬再有犯行外，主要是殺雞以儆社會上所有的猴和雞。第二，教育（rehabilitation）：藉著懲處，希望對當事人產生教化改過的效果，能重新作人、重回社會。第三，孤立（incapacitation）和維和（societal protection）：藉著處罰，讓當事人無從再犯（譬如對小偷砍掉雙手）。而且，犯人在監獄裡，保護了社會上其他的分子。第四，報應（retribution）：此為初民社會以來最原始的邏輯，罪有應得，以眼還眼。第五，宣示效果（denunciation）：藉著懲罰罪行，對社會大眾展現是非分際。而且處分罪犯，隱含著道德上的譴責，可以宣洩民眾義憤情緒，有助於社會正常運作。

處罰的方式，用「族繁不及備載」來形容，差堪比擬。就當事人而言，宮刑、斬刑、肢刑、化學去勢、電擊、拘禁、處決、充軍等等。罰金、財產沒收等，是附加的處分。除此之外，還有家人連坐、誅九族等，都涉及了當事人之外的個體。

罪與罰並非永遠不變

在一般人的生活裡，罪和罰的概念也屢見不鮮。譬如，「招待不周，罪過罪過，罰酒三杯」、「遲到太久，罰你喝西北風」等等。但是，在法律的範圍裡，罪和罰的意義比較狹隘。就源頭而言，罪和罰的概念當然要追溯到原始和初民社會。人際相處不可避免的摩擦，導致燒殺擄掠、偷搶奪盜，是必須處理的外部性。因此，自然而然的，發展出對罪的認定、對罰的約定以及相關的程序。

毫無疑問，在原始和初民社會物質匱乏的條件下，只有必需品，沒有奢侈品；沒有專業的司法人員，一切從簡。也就是，只有實體法而不會有程序法。專業的司法人員、刑事（民事）訴訟法、部門法等等，都是資源充沛之後的事。

在漫長的演變過程裡，罪和罰的內涵，也經過一再的調整和變化。但是，無論形式和內容（程序和實體）如何，最後都是「權力權重下的共識」（power-weighted consensus）——以當時的權力結構，結果沒有爭議，是共識。在皇權時代，這也意味著基於本身政權的考量，可能會採取極端、罪與罰不成比例的舉措。譬如，文字獄詩詞賈禍，誅連九族。由外部性的角度著眼，任何對皇權有潛在威脅的舉止，都值得重懲重罰。隨著社會的進展，罪和罰之間的關係愈來愈直接密切，而且符合常情常理，也符合社會的主流價值。譬如，婚外情過去由刑法處理，現在多以民法；同性戀過去是罪惡，如今慢慢合法化等等，都反映了外部性大小輕重的變化，會帶來罪與罰的調整。

社會發展，資源愈來愈充沛，在罪與罰方面有幾點趨勢，可以揣摩一下。首先，罪行的內涵，由武變文。傳統打劫搶殺慢慢減少，金融詐騙白領案件逐漸增加。其次，懲罰愈來愈文明，死刑會慢慢消失。冬天寵物貓狗都有冬天衣服飾品，人同此心，何必剝奪人的性命。終身監禁不得假釋，可能是未來大勢所趨。再其次，應報的思維慢慢褪去，社會對罪犯的態度逐漸寬容，不再以惡人視之，而是憐憫走錯了路。因此，以社會的力量，讓罪犯也能過有尊嚴的日子。

最後，「罪」與「罰」這兩個概念，並不是憑空出現，也不是單獨存在。關係最緊密的概念，無疑是「正義」。藉著罪與罰的措施，實現了正義的身影；透過對正義的追求，可以充填罪與罰的各種內容。隨著社會的發展，改變了罪與罰的各個成分；連帶的「正義」的內涵，也值得檢驗蛻變。畢竟，無論是罪與罰或正義，本身都不是目的。罪與罰和正義，是人類所孕育發展出的概念；是一種工具性的安排，具有功能性的內涵。「罪」與「罰」真正的作用，還是藉著除弊興利，增添人們的福祉。

那麼，罪和罰和成本有關嗎？就「罪」而言，太小的外部性，不值得用「罰」處理，成本不划算。大的外部性，也可能成本太高而不處理；如令人傷心、怨偶的家務事。就「罪」而言，程序的精緻與否，要看資源是否充沛，自然是成本問題。罪的內容（監禁、感化、教育），也要看主流價值是否支持相關的花費。

一言以蔽之，罪與罰的形式和內容，都和資源的多少有關；正義刻度的高下，要看社會願意負荷多少的成本。

罪和罰是人類社會一直存在的老問題。對於這兩者，千百年來哲學家政治學者法學界已有連篇累牘的討論。由經濟學的角度，可以稍稍提出幾點新意：外部性，是以中性的立場闡明「罪」的本質。當（負的）外部性減少，罪的成分也降低。資源充沛之後，操作罰的機制愈益精緻；而且，應報的成分下降，對於罪犯也會設法維持尊嚴。最後，正義和罪與罰，都是工具性的概念，內涵與時俱進。

參考文獻

◎Becker, Gary, *The Economic Approach to Human Behavior*, Chicago, IL :University of Chicago Press, 1978.

◎ Kan, Steven S., "Corporal Punishments and Optimal Incapacitation", *Journal of Legal Studies*, 25（1）:121-130, 1996. 091

◎Owen, David G., ed., *Philosophical Foundations of Tort Law*, Oxford :Oxford University Press, 1995.

◎ Posner, Richard, *The Problems of Jurisprudence*, Cambridge, MA :Harvard University Press, 1990.

提問 8

“法律與道德有什麼關係？”

阿南和小東本來交情還不錯，一次兩人相約出遊數天，回來之後，阿南對小東就慢慢敬而遠之。兩人的共同朋友瑞成發現了，忍不住問阿南怎麼回事。

「小東有些習慣不是太好……」阿南有點欲言又止，瑞成追問之下才知道，原來小東出門在外，在公共場合大聲發表己見是常事，紙屑、菸蒂也常亂丟，屢勸不聽。有次小東又隨手扔了個罐子，當場被後方的中學生指正，還一度不認帳，差點引來警察。「罰錢一回事。但重點是，我覺得很丟臉……」

道德的身影

道德，是人類文明的一部份。關於道德的探討，古往今來不知有多少。站在前人的足跡裡和肩膀上，希望能看得更為透徹。

對於道德，可以先用一個具體事例，描繪和捕捉身影的一面。眾所周知，華人文化的諸多特質裡，「孝」是很重要的一環。百善以孝為先，反映孝的地位。然而，華人文化為什麼會發展出這個特質，卻鮮少受到重視。其實，原因很簡單，一點就明。歷史上，華人社會主要以務農為主，家庭是重要的經濟組織；無論是生產、消費、儲蓄、保險，都依賴跨代組成的大家庭。而且，傳統社會裡，沒有退休制度，也沒有社會福利制度；因此，老年安養的問題，也多半由家庭來承擔。可是，如何能確保，子女願意承歡膝下、頤養天年呢？子女小時，父母提攜撫育；父母老時，子女反哺圖報。本質上看，這是一種「跨時交換」（inter-temporal exchange）；只要世世代代，在子女年幼時，腦海裡灌輸「孝」的概念，就能圓滿解決跨時交換「履約」（enforcement）的問題。

8-1　跨時交換和履約

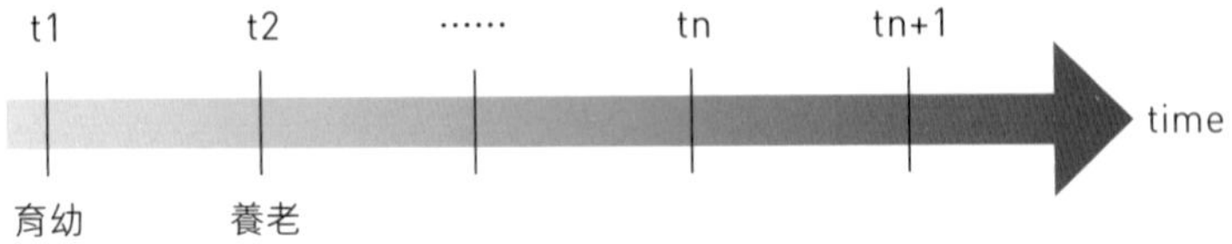

而且，除了「孝」這個概念之外，還有其他的輔助性配套措施：如果子女作了對不起父母的事，不符合父母的期望等等，通常心裡會不自覺有深厚的罪惡感。在人際關係上，親戚朋友是外圈，手足之情是內圈；子女和父母則是核心部分，屬於「不假思索」、VVVIP（Very Very Very Important）那個類別。事實上，「不假思索」並不是腦海裡不思索，而是經年累月之後，已經歸入一個特別的等級類別（category），不必思索。再往前推進一層，「不假思索」的作法，也可以含有「不應思索」、「不要思索」的成分；以「限制」思索的方式，來處理這個極其特殊的類別。

由「孝」的倫常，可以看出道德的身影；而且，也可以歸納出道德的兩點重要的特質：第一，道德，意味著一套遊戲規則；第二，遊戲規則的運作，也意味著有配套的獎懲。

而且，獎懲通常不是外在或物質的，而主要是依靠內在，也就是心理或精神上的獎懲。

道德的性質

關於道德的性質，也許可以藉著一個稍稍遙遠的例子來襯托。眾所周知，在職業競技裡，有些在最後階段之前，是捉對廝殺的淘汰賽。譬如職業網球、圍棋、西洋棋、職棒、職籃、美式／英式足球等。在這些職業賽裡，有一個明顯的特徵：冠軍的獎金比亞軍高出一大截。在比例上看，冠亞之間的差別，可能要數倍於亞季殿軍之間的差距。可是，為什麼？

一般解釋既直覺也合情合理：冠亞軍賽看的人多，廣告門票收入多，自然應該給冠軍多得；而且，冠軍獎金愈多，愈能吸引觀眾和廣告。然而，利用一個數學模型，兩位經濟學者提出證明（Lazear & Rosen, 1981），由另一個角度解釋獎金結構：在邁向冠軍之路，過關斬將、逐級晉級的每一個環節，有兩種誘因使得選手全力以赴；一是晉級名次所對應的獎金，一是能進入下一回合、朝冠軍之路邁進的機會。可是，在冠軍爭奪賽裡，已經是最後一場競技，沒有下一場。所以，為了維持同樣的誘因，就必須增加冠亞軍獎金的差距，讓雙方像前面各回合一樣全力以赴。

因此，兩點啟示：一方面，維持動力，適當的誘因很重要；另一方面，不同的誘因之間，可以互補或替代。這兩點啟示，剛好能呼應，道德的重要性質：在每個人的內心（腦海）裡，道德就是一種獎懲機制。而且，毋庸外而求也，自己的道德信念（價值觀），就足以提供獎懲——作好事，自己高興；作錯事，自己難過。

而職賽冠亞軍獎金差額大，和道德究竟有什麼關聯？事實上，淘汰賽的各個階段，都有兩種誘因：即獎金與晉級。冠亞軍之戰時，誘因只剩下獎金。因此，誘因要增加，以維持同樣的動力。兩種誘因之間，彼此有替代性。

一個人面對環境時，外在的獎懲（無論物質或精神），能影響自己的行為。同樣的，內在的獎懲（道德，主要是精神而非物質），也能影響自己的行為。而且內在的獎懲很全面，還二十四小時全年無休；且更直接，操之在我，等於是面對環境的第一道防線。一言以蔽之，相對於外在的獎懲，發展出內在的道德，是效益高而成本低的機制。

道德的孕育

在長期的演化過程裡，人類先是累積了相當充沛的資料庫（經驗）；在面對環境裡的考驗時，知道如何趨福避禍，增加存活的機率。慢慢的，進而歸納出一些行為規則（經驗方程式）；譬如，雷雨時不要在曠野裡活動，狩獵時不要驚動獵物，碰上虎豹身段要低，等等。

由經驗歸納而成的行為規則，自然而然隱含獎懲。雷雨外出受風寒，這是懲；小心狩獵而得手，這是獎。再進一步，這些「實然」（positive）的規則可以轉換（或晉陞）為「應然」（normative）的規則。也就是雷雨時「應該」不要出外，狩獵時「應該」小心等等。大大小小、分門別類、食衣住行各方面的規則，就形成人們面對世界的方法，是一套價值體系；抽象來看，就是不折不扣的道德。

很多道德和人際互動有關。譬如講話不要噴口水、讓年長年幼者先行。然而，更多的道德是指導自己的行為，和別人沒有直接關聯；譬如吃饅頭狼吞虎嚥是自找麻煩，喝開水時先小口啜飲試水溫，是自求多福。日常生活裡絕大部分的行為，都是根據自己腦海裡的操作手冊，大部分時候不知不覺，是因為行動自如，不會帶來太多情緒的起伏。聰明的人，已經以低成本的方式運用情緒，因為起伏要耗用心神，以不起伏的情緒面對日常生活裡大部分行為和事項，是成本低的作法。也就是說，道德情操的結構，同樣符合成本效益的考量。

再精細一些，道德隱含兩個元素：遊戲規則和獎懲。當道德觀念在腦海裡雕塑成形，和「孝」的觀念一樣，毋庸外而求也，就由每一個人自己來操作。無論是「獎」或「懲」，都是由自己來實施執行；自己又是球員，又是裁判。因此，在人格結構上，至少包含兩者：一方面，能維持行為上的遊戲規則，知道是否違反的規則。另一方面，對於違規，以羞恥、自責等等獎懲；對於善事義舉，以欣喜、榮譽感等等獎勵。這兩者再加上與生俱來，生物性的慾望（暖、飽、安全、性等），剛好呼應人格心理學所描述的本我（id）、自我

（ego）和超我。

簡單小結一下，前面先介紹道德的身影，再說明道德的性質，最後是描述道德孕育成形的過程。這個次序，和一般介紹的方式剛好相反（孕育成形↓性質↓均衡的身影）；主要原因，就是由熟悉的現象（孝）出發，再逐漸處理較為抽象的部分。道德，一言以蔽之，是一種工具性的安排，具有功能性的內涵。

道德和法律

在原始初民社會，法律和道德合而為一，沒有必要區分兩者。因此，道德和法律關係密切，自古已然。

隨著社會資源的增加以及相關條件的改變，道德和法律逐漸區隔開來。兩者的關係依然密切，但是已經成為兩種工具，各司其職。區分道德和法律，有許多不同的方式，其中之一簡單明瞭：操作法律，有法官、檢察官、律師、警察等專業人士，他們等於是維持遊戲規則的裁判。因此，法律的運作，球員和裁判是不同的人。相形之下，操作道德，街談巷議，「千夫所指，無疾而死」；對於自己的行為，本身也會維持自己的道德（價值體系）。因此，道德的運作，球員和裁判是同一群人；自己又是球員，又是裁判。

然而，道德對法律的關係密切而重要。兩者都和隱含「規則」及「獎懲」，但是對個人來說，道德的操作更為直接。在一般人的生活裡，絕大多數人、絕大多數的時候，是依恃自己的道德體系來指導和約束自己的行為；而不是靠法律和法律所隱含的懲處。精細一點的考量，一般人不闖紅燈，不是因為闖了要「罰錢」，而是因為闖了是「違法」（還有可能被撞）。罰錢，是法律的懲處，是外在的；而違法，是道德上的自我懲處，是內在的。因此，道德和法律，有如兩套獎懲，同時發揮作用。道德，補充而且增強了法律的作用。

因為道德呼應法律，所以降低了法律的操作成本。一方面，執法人員普遍認為自己站在正義的一方，居於道德的高地；對於違法的人，理直氣壯、正氣凜然的斥責批判。另一方面，（大部分）違規的人，也自知作為在道德和法律上逾矩；所以容易自責認錯，接受來自於道德和法律的評斷懲處。

也就是，道德和法律有如兩把戒尺，一把由自己操作（道德），另一把由別人操作（法律）。兩者彼此幫忙，互相增強。

隨著社會的進展，法律和道德的相對關係也慢慢的改變。其中的曲折，值得細細琢磨。

當道德和法律關係緊密時，違法和道德上有瑕疵，幾乎是同一回事。因此，法律運作過程裡，有濃厚的道德成分。法律條文和判決書裡也有許多含有價值判斷的字眼。譬如，判決書裡常有「從小失怙，個性凶暴」、「性情孤僻，好勇鬥狠」、「凶殘成性，素行不良」等等。然而，就法論法，在司法體系裡，並沒有任何授權，讓法官運用這些字眼在道德上對被告作出價值判斷。違法的人，只是違反法律的規定，受到法律所規定的懲處。減少乃至於過濾掉法律的道德成分，與其說是尊重人權，不如解讀為這是法律／司法專業性的提昇，使法律和道德脫鈎；讓法律成為較中性的遊戲規則，如此而已。

社會發展的另外一種趨勢，也正在改變法律和道德之間的關係。具體而言，工業革命之後，量產（mass production）改變了人類生活的型態。隨著市場的擴充，都市化沛然莫之能禦。無論是經濟、社會、政治等各方面，人際交往愈益密切，是不爭的事實。網際網路的發展，更開闢了一個全新的領域，在逐漸成形的地球村裡，不再是天涯若比鄰，而是天涯就在彈指之間。

人際互動，自然需要遊戲規則；商業活動，更需要各式各樣的規範。然而，這些規則，很多時候是像靠左走或靠右走一樣，是在許多可能的規則（rules）之間選擇其中之一。一旦眾人接受，就可以有效交往互動。在性質上，並沒有道德的成分（如走路靠左靠右、捷運電梯要不要留左邊為移動區、捷運上能不能飲食、銀行關門是三點半或四點等等）。萬一違反規定，可能有各式各樣的理由，也未必和道德有關。

也就是，現代社會法律和各種規則、與原始社會的律法之間，已經有很大的差異。過去的律法（處理燒殺擄掠等），主要的功能在除弊。現代社會的諸多法律，主要功能是在於興利；希望能促進人際交往的流暢，以增進社會的福祉。既然如此，法律和道德的距離更為遙遠。在個人的私領域裡，道德還是發揮自我約束和獎懲的功能。在社會的活動空間，法律愈來愈像中性的遊戲規則。

由法律和道德的消長起伏，可以得出些許的啟示。對於操作、解釋和學習法律而言，都值得琢磨參考。

首先，司法有關的專業（法官、檢察官、律師、警察等等），往往有濃厚的道德情操；自認為是追求公平正義，是捍衛社稷的長城。然而，道德是一種工具，而且具有兩面刃的特性。以道德自持，可以降低運作的成本，還能享有心理上特殊的成就感；另一方面，道德的情操，也可能意味著自矜自是，拿著雞毛當令箭。在現代社會，每個專業都有自己的專業倫理，也有各自的專業尊榮。司法是眾多專業之一，以更持平的心境從事，或許更能可長可久，也更有益於司法專業。

其次，既然道德的重要性下降，而且現代社會的複雜程度上升；對於法律的各種規則，往往不能再從簡單的善惡是非對錯著眼。司法專業，需要對社會有更多的了解，對於食品衛生、環境保育、經濟金融等等部門，有更細緻深入的專業知識。道德的情懷，需要由中性的專業知識來取代，對公平正義的道德信念，最好也變成對遊戲規則有精確的掌握。

基於「捍衛公平正義」的使命感，這樣的道德情操有助於司法體系的運作。如果道德和法律切割，替代道德情操的機制為何？

球賽裁判執法時，大概和公平正義隔得很遠；腦中所想的，是如何讓球賽公平順利的進行。裁判是一個專業，如果雕塑出專業倫理，也足以發揮激勵的作用。

同樣的，法官在聽審時，可以有兩種情懷：第一，惡有惡報，正義伸張。第二，維持公平正義的審判，善盡一個法管的職責。第一種情懷，自我的定位是實現公平正義的使者、或是正義的化身。第二種情懷，法官的自我定位是專業人士，恪守法官的專業倫理。司法運作的各個崗位，都符合專業倫理，公平正義自然得到彰顯。兩種情懷之間，顯然有微妙的差別。

在傳統法學理論裡，道德哲學地位極其重要。但是道德的存在，似乎是天經地義、不證自明。就理論發展而言，有點像是抽刀斷水之後，只管下游忘卻上游。相形之下，本書所建構的法學理論，是「實證法學」（A Positive Theory of Law）。理論的基礎，溯源到原始初民社會；道德的出現和成形，也是理論可以解釋的對象，而不再是理論的前提。這一章裡，先描繪和解釋道德的身影、性質、和由來，再和法律作一連結。道德和法律的關係密切，無庸置疑。但是，對於司法從業人員和習法者而言，道德可以不再是不可名狀的驕傲自豪，而是清楚明白的理直氣壯。

參考文獻

◎Kaplow, Louis & Shavell, Steven, "Moral Rules, the Moral Sentiments, and Behavior :Toward a Theory of an Optimal Moral System", *Journal of Political Economy*, 115（3）:494- 514, 2007.

◎Lazear, Edward P. & Rosen, Shwin, "Rank-Order Tournament as Optimum Labor Contracts", *Journal of Political Economy*, 89（5）:841-864, 1981.

◎Posner, Richard, "The Problematics of Moral and Legal Theory", *Harvard Law Review*, 111（7）:1637-1717, 1998.

◎Shavell, Steven, "Law versus Morality as Regulators of Conduct", *American Law and Economics Review*, 4（2）:227- 257, 2002.

提問 9

“法律定了，不能改嗎？”

一九五〇年代早期，住在堪薩斯州的琳達．布朗每天都要走一哩路去搭車，到距離家裡有五哩遠的黑人學校蒙羅小學就讀。琳達家附近有所薩姆納小學，但她卻基於種族因素，無法取得入學許可。琳達的父親奧利弗與律師討論「隔離但平等」的種族隔離教育措施，協同全國有色人種促進協會，著手對教育局提起訴訟，並聯合當地有相同背景的家長一起參加，要求校區停止種族隔離的政策，主張種族隔離的學校已經侵害依據憲法第十四條修正案所保障的平等權。

9-1 高鐵可能的路線

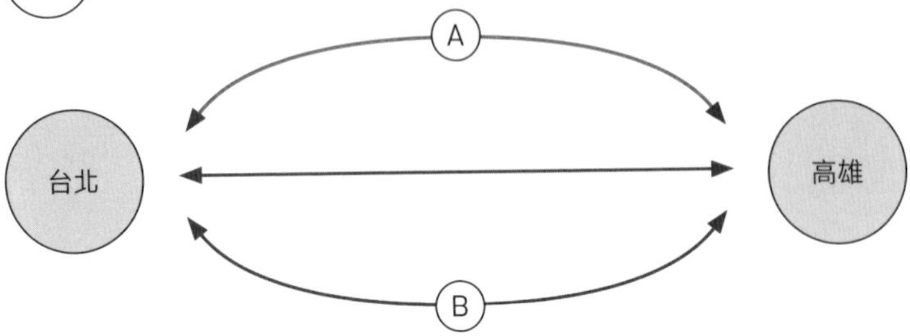

現代法治社會裡的各種公共政策，都是透過政治過程（political process）而產生。經濟學裡的「公共選擇」（Public Choice），是諾貝爾獎得主布坎楠（James M. Buchanan, 1919-2013）首創；重點就是利用經濟分析的架構，探討政治過程。公共選擇，剛好和市場裡的個人選擇（private choice）相對應。

權利的調整和創造

政治過程的特性，可以由很多角度來探討。藉著〈圖9-1〉，簡單明確地呈現了其中的幾點。圖中表示，由台北到高雄原來有一條高速鐵路。如果客運量增加，需要開闢第二條高鐵，有A和B兩個可能的路線。顯而易見的，對於沿路的縣市鄉鎮和民眾而言，影響大不相同。主要的利益集團，自然而然地會透過各種方式（包括遊說和利益交換等），希望能影響最後的決定。

因此，有幾點簡單的事實，可以條列如次：第一，路線不同，但是都隱含可觀的經濟租（economic rent）；民眾和利益集團，會向民意代表及政府機關遊說施壓，這是不折不扣的「尋租」行為（rent-seeking）。現代社會裡，這是政治過程的常態。第二，不同的路線，對沿線居民的影響不同，包括：接近高鐵路線，開發土地，運送產品等等。各種「權利」（rights），都會因而調整變化。在政治過程裡，權利是不斷的被調整和創造。

在民法教學裡，經常以「請求權」作為分析的起點。請求權的思維模式，是兩岸民法第一人王澤鑑教授倡議多年。他曾作較完整的說明：釋義法學（教義法學，doctrinal analysis of law），是把學界所堅信（不是「信仰」）的核心理念當作基礎，再發展出日常操作的一些法原則。請求權的基礎，就是來於這些法原則、或更根本的信念。

核心的上位觀念，譬如：「私法自治」、「誠實信用」等；日常操作的法源則，譬如：「買賣不破租賃」、「善意第三者」。當然，無論是法原則或核心理念，都已經是演化的結晶體──經由立法或習慣法的過程，成為法律的基本結構。對於請求權，知其然而且知其所以然，有助於運用法律。更進一步，法原則（和基本信念）只是原則，在一般情形下適用；一旦有特殊情況，也會容許例外。譬如，買賣不破租賃，是民法裡廣為人知的法原則（教義）。然而，如果出租人願意降低租金，以保留隨時可賣的彈性；承租人付較低租金，但面臨租期中買賣、租約終止的風險。若雙方合意，自然是合法有效的租賃契約。

權益重分配

既然在政治過程裡，權利是處於一種（緩慢）變化的過程；一旦權利調整，相關的「權益」（interests）跟著變化，也就是會有「重分配」（re-distribution）的含義。

在經濟學裡，重分配是探討財政問題時的焦點之一。譬如，貨物稅提高一個百分點，對於消費者和廠商，各有多少的影響？法學雖然和案例分析息息相關，重分配這個概念似乎一直受到忽視；簡單地表示，重分配所關心的問題就是：一旦權利變動，受影響的是哪些人（或群體），而權益又如何變化？再藉著一個案例，反映政治過程隱含的權益重分配：如果國民義務教育，由目前的九年延伸為十二年，哪些人是受益者，哪些人無關痛癢，哪些人又是受害者？

國民義務教育由九年變為十二年，最直接的受益者，當然是目前在高中以下就讀的子弟們，他們受教育的權利被擴充。相對的，孩子已經高中畢業、沒有子女的家庭、單身貴族等，都沒有享受到這個政策的好處，卻要增加稅賦，可以說是直接的「受害者」。其次，因為延長義務教育，所以高中教育要擴充。師資就業機會增加，校舍增建擴建，教科書文具等教育用品的市場擴充……這些部門和群體，是第二波的受益者。

然而，在政策改變之前，社會有兩個群體：一群是只受了九年義務教育，就進入社會就業；另一群，（假設）繼續受完大學教育（共十六年教育）再開始工作。這是兩個顯而易見的不同群體，在偏好、思維方式、消費習慣上都有明顯的差別。當義務教育延長之後，文學藝術雜誌書籍的市場隨之擴充。社會成員之間的同質程度上昇，理性程度和穩定程度都水漲船高。社會大眾對於公共政策的思維好尚，也會比以前接近。

兩點啟示：第一，政治過程裡的決定，會調整現有的或創造新的權利，因而有權益重分配的作用。第二，分析權益重分配，值得考慮短期和長期、直接和間接的影響。

政治過程和法律

透過政治過程，權利（和權益）不斷的被調整和創造。透過法院的判決，也往往有類似的功能。然而，兩者之間卻有微妙的區分。

政治過程裡，一旦完成立法，通常意味著權利的調整或創造，是廣泛而普遍的。譬如九年義務教育變成十二年，涉及每一個學齡兒童。相形之下，法院的官司，通常只涉及雙方當事人。即使是新生事物，被調整或創造的權利，也只限於當事人；影響範圍要狹隘片斷得多。譬如隔壁新建房屋擋住陽光，受影響的鄰居提出告訴。第一個官司成立，並不意味著以後每個官司都會成立。

當然，在某些特定的情形下，法院所作的判決，也可能帶來全面性的影響。譬如，廣為人傳頌的「布朗 vs. 教育委員會」（Brown vs. Board of Education）的官司；美國社會原先的作法，是黑白學童上不同的學校，符合「隔離而平等」（separate but equal）的原則，並不違法。但是，在這個官司裡，法院認定：看似平等，但學童在隔離的環境下受教育，接收的是殘缺而不完整的資訊。因此，區隔教育違反憲法，黑白學校必須融合。對美國教育和社會而言，這個判決有極其深遠的影響。用牽一髮而動全身來形容，毫不為過。

由此可見，法官在面對案件時，值得提醒自己：任何判決，都是在釐清和界定相關的權利（權益）。然而，根據分權的原則，制定法律是立法部門的權責；法院（法官）不是立法者，最好不要借箸代籌、越俎代庖。

裁決的參考座標

在面對棘手的官司案件時，法官如何自處，才能不負所託、又避免侵犯立法權呢？兩個方向的思維，可以參考。

回頭看（Backward looking）

前面提到，目前站在t0這個時點，案件發生在t1，t2等時點。現有的法律（包括憲法），是在更遙遠的tn所制定。在援用法律時，必然要回到從前，揣摩當時的情境。有兩個明確的參考座標，直接而醒目：

條文主義（textualism）法官只是引用和應用法律，因此應該恪守法律條文（或判例）。對於法律的文字，最好設法萃取當時（tn）而不是現在（t0）的意義。尊重法律條文，也就是尊重分權原則，更是尊重立法機關所代表的民意。在現代文明社會裡，民意是最終的價值所在；尊重民意，已經成為眾議僉同的普世價值。

原旨主義（originalism）法律條文只是媒介，反映和表達當初立法者的意圖。時過境遷，物換星移，文字容易辨識；但是，更重要的，是要探索當初立法的意旨。否則，緊守條文，不追究立法原意，反而可能變成以辭害意，見樹不見林。

抽象來看，條文主義和原旨主義，分別代表兩種立場。條文主義，強調法律見諸於外的「形式」；爭議較小，明確可辨。原旨主義，強調法律所希望達到的目標，也就是「實質」所在；條文只是工具，目的更重要。

向前看（Forward looking）

回頭看的參考座標，是過去；向前看的參考座標，是未來。法官（法院）在斟酌如何運用法條時，問自己的問題很簡單：對法律哪一種解釋，會在未來產生比較好的結果？基於這種思維方式，有兩點考慮值得提出；這兩點考量，都和波斯納有關。

首先，是波斯納所提出的，有創意、而且大膽、甘冒大不韙的作法，名為「打混仗」（muddle through）。眾所周知，法律的特質是穩健、緩慢變化。但是，隨著科技快速發展，市場規模不斷擴張，都市化八爪章魚般的延伸，新生事物無日無之。法律所形成凝結的時空，相對的穩定因循。面對日新月異的司法案件，現有的法律可能捉襟見肘，也可能今非昔比、不合時宜。怎麼辦？

9-2 往前看的思維

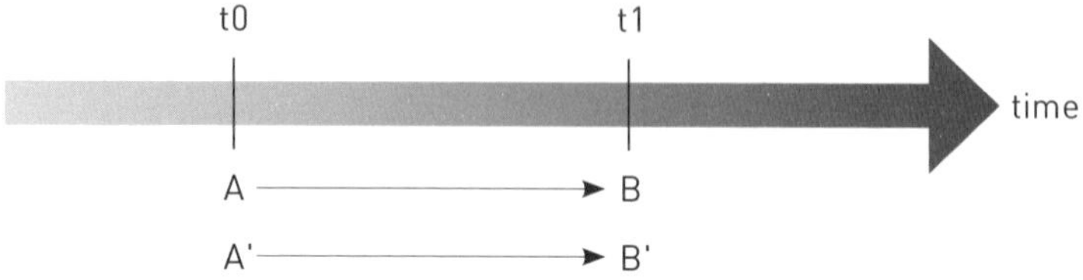

波斯納認為，面對疑難雜症，過去不可恃，未來又不可知。法官不妨採取「打混仗」的作法，不處理問題的全部，而有意的只處理局部，這是有意的見樹不見林。等到類似的官司累積之後，有足夠的資料，問題的輪廓鮮明之後，再處理問題的全面。譬如，在很多國家裡，同性戀婚姻早已合法；但是，在華人社會裡，主流價值還相對的保守。同性婚姻合法化，恐怕短期內不會實現。

然而，即使不直接處理同性婚姻，還是可以間接的、局部的處理相關的問題。如果同性伴侶相處一段時間分手，關於財產處分的問題；法院可以根據共同生活的事實，援用合夥人（partners）、共同持有等概念，間接承認財產共有的法律關係。等到累積足夠的材料之後，最後承認同性婚姻，將只是水到渠成、一步之遙、觸手可及。

其次，波斯納年過六十以後，大力鼓吹「務實主義」

（pragmatism）的立場。藉著〈圖9-2〉，有助於說明波氏的理念。目前，是站在t0這個時點，案件已經發生，是過去式。往前看的思維，可以用A-A'來表示。如果採取A的解釋（或判決），在未來（t1）會帶來一種結果（B）；如果採取A'的解釋，會帶來另一種結果B'。比較B和B'，就可以在t0作出適當的取捨（A或A'）。

當然，未來存在各種不確定性。目前，是過去的延伸，有諸多的限制。因此，務實主義的立場，就是不拘泥於各種道德教條、主義信念，以平實的態度，評估手中可能的選項，希望能有較好的結果。因此，務實主義的精神，可以簡單的歸納為兩點：第一，不求盡善盡美，以「次佳」（second best）而非最佳（first best）自期自許。第二，焦點所在，不是「結果」（outcome）而是「過程」（process）。一言以蔽之，「盡人事，而後矣」。

打一場積極正面的混仗

關於法官闡釋法律（面對疑難雜症的案例），由上面的陳述裡，可以歸納出一些體會。首先，在社會科學界，經常看到論文或報告裡，有這麼一句「理論無好壞」。看起來似乎四平八穩，兼容並蓄。其實是混淆是非，當然可議。這不是有意識的「打混仗」，而是冬烘顢頇。

就以對法律的解讀而言，堅持「條文主義」，當然比不上同時考慮「原旨主義」。只著眼於「回頭看」的立場，當然比不上同時考慮「往前看」的立場，在理論之間，當然有高下之別。而且，不同的理論，如同工具箱裡不同的工具。一般來說，多幾套工具，要比只有一兩種工具來得好。

其次，面對新生事物，法院嘗試性的「打混仗」，其實有非常積極正面的意義。個別官司的判決，通常只是帶來片斷、有限的變化。而且，下級法院的新意，還要經過上級法院的檢驗。這是一種過濾、匯整、和累積的過程，雖然緩慢，但也同時意味著穩健周全。法院不完全恪守舊章，既是對於新生事物的回應，本身也成為推動社會進展的助力。美國最高法院曾在判決中表示，對憲法的解讀，最高法院是採取一種演化的量尺（evolutionary standard）。顯然，這種立場和條文主義和原旨主義，已經有一定的差距。

現代法治社會裡，法律經由立法過程而產生；立法過程是政治過程的一部分，對於政治過程的了解，有助於體會法律的全貌——先了解社會，再了解法律。

透過政治過程，權利不斷被調整和創造，對於權益的結構，產生了重分配的結果。相對應的，法院所作成的判決，雖然是個別的官司，也有類似的、涓滴累積的效果。因此，在處理案件時，不僅要有向前看的視野，還要往前推進一步，體會到目前（t0）所作的決定，會在未來產生重分配的作用。回頭看，是傳統法學的正規訓練；往前看，是社會科學帶來的另一視角。大陸司法界所強調的「法律效果」，呼應回頭看；而「社會效果」，則呼應向前看。好的判決，能夠整合回頭看和向前看，使法律效果和社會效果融而為一，彼此強化。

或許你會問：對當事人而言，在乎的是本身的權益，也就是回頭看的視角；強調往前看，有說服力嗎？

在處理個案時，法官面對兩種考量：回頭看，要善後；往前看，希望未來產生好的效果。再仔細一點：向前看的視野意味著，希望由這個案件中，提煉出通則；將來有類似的案件，就以通則來處理。而且，這個案件的通則，（希望能）產生宣示效果，能正向誘導未來的行為。

回頭看的角度，就是對當事人的特殊情況也納入考量。因此，向前看是通則，向後看是（額外考量的）例外。通則和例外都納入斟酌範圍，正反映了務實主義的立場——不走極端，論述有據；著眼於長治久安，但也不忽略當下。這種立場，也經得起另一種檢驗。只要問當事人：如果你是另一方，你會贊成哪一種判決？經由換位思考、站在別人的鞋子裡、設身處地，兼顧雙方權益的取捨，正是對社會長遠而言較好的取捨。

最後一點，務實主義的精神，對個人、社會而言，都有相當的啟發性。務實，是不走極端（「天下沒有不是的父母」，是極端），是不冬烘（「執兩用中」，有點冬烘），是不依恃教條（「為了正義可以天崩地裂」，是教條），是不專注於結果（「會拿耗子才是好貓」，是強調結果）。務實，是脆弱有限的人，在承擔過去、面對未來時，當下所採取的謹慎穩健態度。

參考文獻

◎ Buchanan, James M., *Better than Plowing and Other Personal Essays*, University of Chicago Press, 1992.

◎ Okun, Arthur, *Equality and Efficiency :The Big Trade-off*, Washington :Brookings Institution Press, reprint, 2015.

◎ Olson, Mancur, *Power and Prosperity*, New York :Basic Books, 2000.

◎ Posner, Richard, *Overcoming Law*, Cambridge, MA:Harvard University Press, 1996.

提問

法律應該是一種信仰？

10

二〇一五年，美國兩位擔任長途貨運司機的伊斯蘭教信徒接到公司指令，需要運送一批酒類。基於宗教信仰，這兩名信徒拒絕公司指派的這項任務，下一步卻收到公司解雇的通知。

信奉回教的亞莎從印尼離鄉背井來到台灣幫傭，雇主卻總要她平常三餐一起吃豬肉。亞莎多次向雇主委婉解釋並拒絕，無奈雇主不予採納，還反過來威脅亞莎若不順服，則要以其違反規定為由，送她離開。

七年之癢特效藥問世？

中國大陸做為世界人口的第一大國，經濟快速成長，各種社會問題不斷湧現。學者專家絞盡腦汁，各擅勝場。針對婚姻問題，某位專家建議：結婚證書改為期限制，有效期為七年；逾期不換證，婚姻自動失效。和永浴愛河、白首偕老等相比，這個建議當然令人側目。根據網路上的熱烈迴響，毫無疑問，這位「磚家」的地位於焉確定。然而，不以人廢言，在嘲諷訕笑之餘，「七年婚約」的主意，是不是也可以引發一些有意義的思維？

法經濟學的領軍人物波斯納，在法學和經濟學這兩個學科裡，都有重要的建樹。《法律的經濟分析》（*Economic Analysis of Law*），是他傳世的經典鉅作；某一章章後的習題裡，他拋出這麼一個問題：大陸一胎化的政策，世所矚目。如果採取「生育許可證」（birth permit）的方式，是否有助於紓解問題？

生育許可證（或「育兒券」）的基本概念，是每一對新婚夫婦，都自動配發一張許可證，可以憑證生產一位寶寶。有些夫婦希望多子多孫，就要設法取得額外的許可證。有些夫妻，希望膝下空虛，享受頂客族（DINK，double-income-no-kids）的人生；剛好可以把配得的許可證出讓。有需求、有供給，自然會形成一個轉讓「許可證」的市場。透過自願性的交易，可以突破一胎化的侷限；既符合一胎化的基本目標，又能滿足人們不同的偏好。一舉數得，誰曰不宜？

當然，連養兒育女的事，都能夠用市場機制（買賣）來處理，（法律）經濟學者惹人嫌惡，幾乎就是咎由自取。「販嬰者」（baby seller）和「殺嬰者」（baby killer）——墮胎者——相去不遠，幾乎就是一步之遙。還好，一胎化的政策已經解凍，波斯納的好（餿？）主意已經成為益智遊戲，適合當習題作業。

回到結婚證書有效期七年這個點子上，也可以試著琢磨一二。很明顯的，隨著社會的開放進展，以及都會區的形成，男女的相對關係已經迥異於過去。千百年來男耕女織、一夫一妻、勸和不勸離的搭配，短短數十年之間，風貌已經大變。就婚姻而言，目前至少有好幾種主要形式：夫妻有子女，夫妻沒有子女，單親爸爸（媽媽），單身貴族。由養育子女的角度，當然有高下之別。可是，就尊重個人自主的角度，高下卻不一定很明確。

另一方面，和同居不結婚、閃婚、一夜情等等相比，「定期婚約」也未必更值得批判貶抑。「七年婚約」的正面意義，至少有幾點：首先，成熟的男女之間，彼此先約定時間，相處得好則繼續，不好則到期自動失效。因為先有風險控制，在衝突時反而容易化解——毋需忍受不可知的漫長歲月，好聚好散。其次，對彼此的關係和自己的人生，會有更清楚的規劃。因為有階段性的「解約」時點，反而對生活會更有意識的經營。雙方關係可能更為客氣，相敬如賓；和吵吵鬧鬧，勉強湊合下去的怨偶相比，婚姻關係可能要平穩有序一些。因為婚約是有限期間，大概不會生小孩。對於投資置產，也會更為慎重；彼此的所作所為，都是相對謹慎小心的。一言以蔽之，婚姻有期限的最大特色，是雙方作為時，腦海裡都自動檢驗：這麼做的意義和效果如何。

當然，結婚證書有期限的作法，不僅牴觸華人社會的主流價值，也直接挑戰文明社會的普世價值。即使在遙遠的未來，出現的可能性也微乎其微。這個點子的最大好處，可能就是提供了法學和經濟學一個好的家庭作業題目。

法律該被信仰嗎？

「法律必須被信仰，否則形同虛設」，說起來琅琅上口，聽起來莊嚴凝重。然而，在一個現代法治社會裡，這句話的意義何在，是否得宜呢？雖小道，必有可觀者，也許值得稍加斟酌。

波斯納在「法律經濟學」的貢獻，很可能使他成為科斯（Ronald Coase）之後，這個領域的另一位諾貝爾經濟獎得主。他的背景是英美文學（本科）和法學（研究所），但是涉獵極廣。職務上一直以法學為主——在法學院任教、擔任巡迴法院法官，因為學養深厚、智識淵博，所以筆下處理各種問題時，經常慧眼獨具，啟人心智。對於政治和法律之間的關係，他的兩點慧見（insights）可以為例，以見其餘。

首先，眾所周知，現代社會裡，法律是在民意機關裡經過論對和較勁，由政治過程所議定。所通過的法律，可以分為兩大類：一般利益立法（general purpose legislation）、和特殊利益立法（special interest legislation）。在闡釋這些性質不同的法律時，法官（法院）

該一視同仁，還是差別對待？

波氏指出：一般利益立法，涉及範圍廣，涵蓋諸多不同的情境；因此，立法所使用的文字，通常是原則性、概括性，在適用時如果有爭議，可以從寬解釋。相形之下，特殊利益立法，是針對特殊的群體、政策目標；在立法過程裡，經過折衝妥協，該囊括的利益，都已經被擺進文字裡。因此，在解釋時，值得從嚴從窄，才能反映立法精神——也就是反映立法機關所代表的民意。

其次，隨著經濟發展，都會區逐漸形成，各種社會問題自然而然的顯現。其中，弱勢群體的處境，特別引人注意。不少學者論述，法律所保障的「基本權益」（entitlement）如低價住宅、食物券等，應該積極擴充，以保障這些族群。波氏指出，「基本權益」一旦擴充，固然有正面的作用，然而這同時意味著公共政策所能討論的空間也因而縮小。現代社會有多元的價值，各種利益透過民意機關和立法過程，彼此競爭角逐。預算用來保障基本權益，就不能用來處理其他的社會議題；公共政策的施展範圍受到擠壓，未必是民主代議社會之福。

關於宗教問題，我曾經致函波氏：他的《正義的經濟分析》（*The Economics of Justice*），已經成為經典，影響深遠。對於宗教，或許也可以有《宗教的經濟分析》（*The Economics of Religion*），對於人類文明重要而微妙的一環，由經濟學提出持平合理的分析，善莫大焉。以他的學養才華，最適合處理這個大哉問。波氏客氣回信，還附了一份資料，是他在某研討會上關於宗教問題的發言，還沒有公開發表。波氏已年過七十，筆耕不輟；也許《宗教的經濟分析》會有問世的一天。

無論如何，宗教信仰和法律之間的關係，前面引述波氏的兩點見解，可以參考：現代社會裡，法律是由政治過程所決定；法律的內容，也就是公共政策的一部分。經過論對辯難，透過政治過程，形成法律。相形之下，法律一旦成為信仰，就沒有討論的空間。因此，在現代法治社會裡，法律和信仰之間，相隔十萬九千里、或更遠。至於在極權體制下（如納粹德國），在法律和信仰這兩者之間是否能作出聯結，倒是一個好問題。

我揣測，如果有人問波斯納：法律該被信仰嗎？他可能犀利如常的回應：你在開玩笑嗎？今天是四月一日愚人節嗎？

信仰的重量

在《論自由》（*On Liberty*）這本書裡，彌爾（John Stuart Mill, 1806-1873）提出一個著名的法學觀念，名為「傷害原則」（The Harm Principle）：一個人的行為如果沒有傷害到其他人，他應該有這麼做的自由。中文翻譯擲地有聲：「一個人的自由，是以不侵犯他人的自由為自由。」無論是譯文或原文，都有可議之處：中文譯法，有循環論證的麻煩。原文雖然觀念簡潔有力，操作起來還是有微妙的曲折。關鍵所在，就是「傷害到其他人」到底如何界定？

在二十一世紀初，一般文明社會都尊重每個人的信仰自由；而且，無論是大陸法系或英美法系，信仰自由都受到法律的保障。然而，在具體事例上，對於信仰自由，到底該保障到哪個程度？抽象來看，這和彌爾「傷害原則」的困擾，幾乎無分軒輊。不過，在處理這個問題之前，不妨先往後退一步，琢磨一下信仰的性質。

在人們生活的經驗裡，「信仰」是屬於一個很特別的類別。一旦涉及信仰，通常有兩種態度：一方面，關於信仰的「內容」，不討論，因為是信仰。另一方面，對於信仰存在的「事實」，彼此尊重，井水不犯河水，共存共榮。這種態度，不只是停留在個人層次，也反應在國家層次上。具體而言，許多國家透過具體的法律，保障信仰的自由。譬如美國憲法裡明訂：政教分離，不得設立國教，而且不得以法律限制任何宗教信仰。一九六〇年代通過的〈民權法案〉，更明確規定：僱主必須保障員工的宗教信仰。

二〇一五年，有兩位伊斯蘭教信徒，受僱擔任駕駛運送貨物。但是，基於宗教信仰，他們拒絕載運酒類物品，結果被僱主開除。他們向司法機關投訴，最後「聯邦就業機會平等委員會」作出裁定：公司可以調整工作，讓其他駕駛載運酒類，他們可以負責運送非酒類貨品。對於他們的損失，公司要賠償二十四萬美金。關於保障信仰自由，這個實際案例當然很有啟發性。然而委員會的裁定，其實還有意在言外的含意。

在這個案件裡，公司有很多位駕駛，要調整任務並不困難。也就是說，公司尊重信仰所增加的成本，是可堪負荷的。可是，如果這家公司只有兩位駕駛，而且運送物中就是有酒類貨品；那麼，要公司尊重員工的信仰（譬如多僱用駕駛），成本太高。相反的，兩位駕駛如果不願意載運酒類，可以到其他成千上萬的僱主去求職。兩相比較，公司調整成本高，員工調整成本低；在這種情形下，宗教信仰的價值，就要讓位給企業生存的價值。

更進一步，不只對宗教信仰的自由是如此，對於其他的權利（包括基本人權、包括彌爾的自由），也是如此：法律的主要功能之一，是在處理價值的衝突。對一個社會而言，沒有哪一種價值是絕對的；對於任何價值的保障和維護，是相對於其他的價值。因此，一個人可以在海德公園的肥皂箱上，高聲宣揚「外星人即將攻擊地球」；但是，他不可以在戲院裡大喊「失火了」——這就是言論自由。

一言以蔽之，在現代法治社會裡，對於宗教信仰保障最後的取捨，是透過眾議僉同的程序而決定。法律，是信仰的捍衛者和守護神；但法律只是典章制度的一部分，本身不是宗教，更不具有「信仰」的性質。「法律必須被信仰」的說法，是以訛傳訛，有著不辨菽麥的雅趣。然而，即使有些反智的成分，基於保障言論自由的考量，自然是百家爭鳴、各擅勝場。在言論的市場裡，鼓勵自由競爭，這已經是普世價值，也已經成為法律；但是，這是法律，而且也只是法律，而不是信仰。

又例如，某小鎮的酒吧，只限定男性進出；如果女性基於「性別歧視」的理由提告，如何處理較好？

類似的官司在英美有很多。主要的考慮如下：如果小鎮上只有一家酒吧，則必須對男性女性開放；因為這是大家休閒社交的重要場所。但是，如果小鎮有一家以上的酒吧，而至少有另一家同時服務男女，「限定性別」的做法就是合法的。

兩個論點可以參考：第一，如果酒吧不只一家，各酒吧的經營方式，有點像俱樂部（club）一樣。一般情況下，俱樂部是基於會員的共同興趣。對會員有資格上的限制，反映俱樂部的基本特質，並不違法。第二，酒吧限定男性，劃地自限，是好是壞，由市場決定。容許產品有差異，各擅勝場，符合經濟活動、市場機能的基本精神。抽象來看，這個案例和「信仰自由」（拒運酒類）的邏輯，其實是一致的。保障性別（保障信仰），是值得追求推崇的價值；但是，其他的價值，也值得捍衛。對於任何一種價值的保護，不能無視於代價。

琢磨理論

針對前面三個案例，可以更具體的勾勒出所涉及的理論、和相關的概念。法庭裡的案例，當然是法學很重要的內容。解決實際的法律問題，更是法學訓練重要無比的一環。然而，法學也是一個學科，除了實用性之外，也有智識上的探索。探索的成果，不但是知識的累積，也蘊藏了心智活動的趣味。

波斯納的「生育許可」和磚家的「七年婚約」，成為真實公共政策的機會不大。然而，卻可以激發思維，琢磨問題的各個層面。南京工業大學一位副教授「聚眾換偶」，東莞地區「一夫多妻」（一個男人同時和多位女子交往，彼此相安無事）的現象，也是法學理論上有趣又有挑戰性的議題。

於法律的探討，不應該只以部門法為起點；立法階段各種利弊得失的考慮，也只是範圍上小幅度的擴充。現代法治社會裡，法律是透過立法機關而制定。而立法機關的運作，又是政治過程的一部分。因此，完整的法學教育，必然要包括對政治過程性質的了解。

另一方面，法學和道德哲學密不可分，法學裡的某些角落，也就經常有一些道德性、規範性濃厚的說辭。雖然和事實有相當的距離，但是往往卻廣為流傳，眾口鑠金。「為了正義，可以天崩地裂」是例子之一；「法律必須被信仰，否則形同虛設」，也是如此。

政治過程、立法機關的角度解讀法律，可以更清晰的看到法律的本質。政治過程，是處理各種競爭、乃至於彼此衝突的利益；立法機關的功能，就是透過眾議僉同的法定程序，以立法（法律）的形式，訂定處理價值衝突的遊戲規則。

這種觀點，當然和傳統法學的信念——法律是追求和實現公平正義——有很大的落差。然而，「法律，主要是處理價值衝突」，這種觀點，至少有兩點可取之處：第一，對法律的認知比較心平氣和，避免道德性、規範性的認定。第二，在操作和解讀法律時，不是由道德來臧否對錯，而是平實的琢磨造成價值衝突的原因、和化解之道。

在面對問題時，法學界人士的思維方式，經常是：涉及哪個法條？法律上誰是強者，誰又是弱者？相對的，經濟學者的思維方式，通常是：涉及哪幾個利益（價值）？環境裡相關的條件，又是哪些？價值判斷，通常不是只浮現在腦海裡的念頭。

例如大部分國家和地區，對於各級學校的師資，都有退休年齡的規定。基於不得有「年齡歧視」的考慮，美國已經取消老師屆齡退休的規定。這樣的思維合理嗎？

就老師的工作而言，主要的考慮是：能否善盡職責？隨著醫療的進步，生活條件的改善，目前年齡七、八十歲的人，在老師這個行業上繼續工作，問題並不大。當然，保障老師權益的同時，是學生受教的權益。教學評鑑、其他考核指標等，是配套措施，以維護各方的權益。

另一方面，抽象來看，原先以年齡劃分退休與否，只是一種「次佳方案」，就像對「成年人」以年齡區分一樣。當社會資源充沛，其他條件也具備之後，可以放棄以年齡作為退休的標準。更精緻、更考量個別差異的作法，當然可以有發揮的空間。

在人類歷史上的某個階段裡，「實力界定權利」（Might Makes Right）。然而，在現代法治社會裡，權利是由法律所界定；而法律本身，又是由政治和立法過程所決定。學習法律的箴言之一，是「先了解社會，再了解法律」；稍微細緻一些的呼應，是「先了解政治（立法）過程，再了解法律和權利」。

參考文獻

◎Demsetz, Harold, "The Problem of Social Cost :What Problem ? A Critique of the Reasoning of A. C. Pigou and R. H. Coase" , *Review of Law and Economics*, 7（1）:1-11, 2011.
◎Elster, Jon, ed., Local Justice in America, New York :The Russell Sage Foundation, 1995.
◎Hazlitt, Henry, *Economics in One Lesson*, New York : Arlington House, 1979.
◎Posner, Richard, *Economic Analysis of Law*, 3rd edition, Boston :Little & Brown, 1986.

第三篇

那些律法沒說出來的

正義的理念，貫穿法學和司法運作。社會科學（social sciences）是由法學之外的視角，對法律進行更全面的檢視。還有其他關鍵性的因素，對法學和司法運作有著不可忽視的影響。這一篇裡，將探討一個重要的影響因子：訊息（information），是隱身於法學內部的主導力量。

提問 11

“司法允許替人貼標籤？”

有的時候你支持死刑。對那些犯行顯而易見、幾乎全世界都看見那罪惡的犯人，你不明白為什麼還要讓這樣的人活在世上。

有的時候你反對死刑。因為你知道，任何一個司法審查的過程，都有可能會出錯，有的人就這樣含冤而終。這種時候，你會同意，死刑不該那麼輕易。

有人認為死刑可以殺雞儆猴、降低犯罪率，有人認為一心為惡之人，不會在意自己受到什麼懲處。一種刑罰，各自表述。你為「死刑」，貼著什麼樣的標籤？

11-1 刻板印象

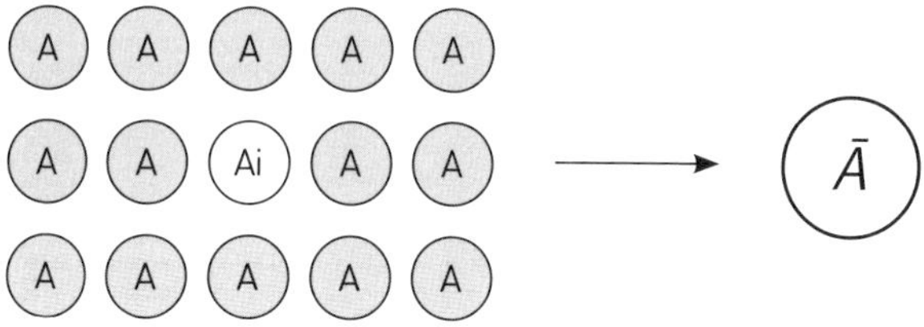

全民一起貼標籤

標籤（stereotype）或刻板印象，是名詞；而貼標籤（stereotyping）是動詞。根據維基百科（Wikipedia），刻板印象是指：

> 對於特定群體的成員，有些人持有特定的看法。通常，刻板印象有負面或偏見的含義；而且，往往會藉著刻板印象，合理化某些歧視性的作法。比較溫和的看法是：有時候，刻板印象反映了，對於社會實情的通俗之見。[1]

根據《牛津大辭典》（*Oxford Dictionary*），貼標籤這個辭彙的現代用法，最早出現於一九二二年。對於貼標籤（或刻板印象）的探討，主要存在於社會學界；而且參考文獻汗牛充棟，幾乎不可勝數。以圖形來表示，維基百科的解釋，有如〈圖11-1〉。

11-2 貼標籤的意義

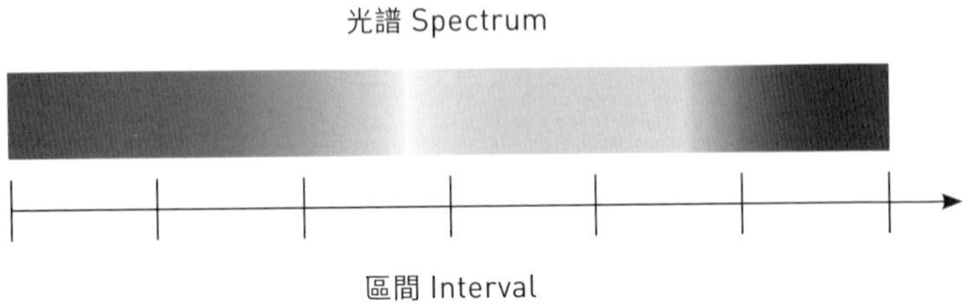

也就是，對於A群體裡的某個成員Ai，以一種平均值$\bar{A}$來認知。然而，社會學對於貼標籤（刻板印象）現象的解讀過於狹隘。另一種解讀的方式，是利用〈圖11-2〉光譜的概念。當眼前出現一個人事物時，認知的方式有很多種；但是，通常只以光譜上的某一個區間（interval）來解讀。抽象來看，貼標籤的現象，可以利用〈圖11-3〉來表示：

左邊的（a）欄表示，透過視覺、觸覺、味覺、嗅覺等，一個人認知到一個物體或現象，然後賦予一個符號（label），這個符號就是標籤。右邊的（b）欄表示，追根究柢，貼標籤就是一個行為者（actor），對一個現象、人、或物體，賦予一個特定的符號。當然這種觀點，是對貼標籤做比較廣泛的解釋；然而，這種比較廣泛的解釋，正可以反映：貼標籤其實無所不在。而且，正因為無所不在，

11-3　貼標籤

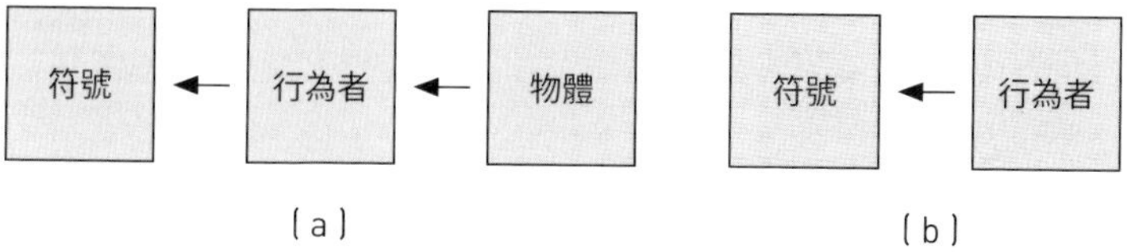

所以反而沒有得到應有的重視。

由這個角度闡釋貼標籤，立刻可以得到幾點啟示：首先，人在面對環境時，無時不刻都在貼標籤。原因很簡單。藉著貼標籤，可以大幅降低思維和行為的成本；其次，貼標籤時，人是不自覺地援用自己腦海裡的資料庫（data bank）。資料庫愈豐富，貼的標籤愈精確。同樣的道理，資料庫裡類似的資料愈多，也愈容易貼出精確的標籤。在陌生的環境裡，人往往不知所措——因為資料庫裡的相關資料不足，無從形成有意義的標籤。

再其次，在社會學的討論或一般人的認知裡，貼標籤（刻板印象）都隱含負面的含義。這是給貼標籤貼上負面的標籤。為什麼？由經濟分析的角度看，貼標籤具有非常正面的意義；而且日常生活裡，每個人都無時無刻都在貼標籤。社會學和一般人傳統的看法，顯然是一種狹隘的認知。原因之一，還是成本效益的力量作祟——對「貼標籤」貼上標籤，可以降低思維和行為的成本。而且，一旦貼上負面的標籤、積非成是，可以世代因循。華人經濟學者張五常曾表示：「錯比空好。」錯，有明確的參考座標；空，讓人不知所從。另一句類似的名言，是「大自然排斥真空」(Nature abhors vacuum.)。最後，貼標籤的現象反映了人在面對環境時，有意無意的採取一些作法，以降低自己的行為成本。這完全符合經濟學對人行為特質的假設：人是理性(rational)和自利(self-interested)。

藉著一個非常簡單的式子，可以更明確地烘托出貼標籤的意義：$Ai = \bar{A} + ei$；Ai是完整真實的資訊，$\bar{A}$是平均值，表示初步印象，ei是誤差項。如果眼前有一個外國人，平均值就是過去由書、電影或其他經驗裡得到對外國人的刻板印象，因為沒有其他的資訊，只好以平均值作為自己行為因應的依據。如果以後有機會再相處，就有機會多萃取一些關於這個老外的個人資訊(ei)。不過，由這個簡單的式子，也可以作一連串的聯想。日常生活裡，大部分是一面之緣或非人情交往，因此沒有機會萃取額外的資訊。也就是說，行為的依據，大部分時候是平均值($\bar{A}$)，而不是完整的資訊(Ai)。即使有機會再接觸，得到額外的訊息，也可能是模糊的誤差項（$\bar{e}$）、而不是真正的誤差項（e_i）。事實上，即使長期相處，誰能保證結縭數十年的夫妻對自己牽手的認知是完整精確的（A_i）？換種說法，人的行為舉止，都是根據各式各樣的標籤而來；標籤有精細和粗糙之分，但也只是程度上的差別而已。

司法運作和貼標籤

追根究柢，貼標籤是人們所發展出的一種機制，希望能更有效地面對環境；對貼標籤賦予負面（而不是中性）的標籤，也正反映了這種機制的運作方式。再往前推一步：人不只對環境裡的人事物貼標籤，人事實上也對自己貼標籤。每一個人的自我形象（self-image），不就是一種簡化加上美化過後的產物嗎？自己心目中的自己（$\bar{A}$）、和真實的自己（A_i）之間，不是有一段落差嗎？自己對人事物的因應取捨，不就是根據所自持的自我形象而來嗎？自我形象，不也就是一種能發揮作用的機制嗎？對自己和對別人貼標籤，過程或許不同，目的不都是在降低行為成本、希望自求多福嗎？

那麼，法律裡，對成年人和未成年的界定，是不是也在貼標籤？在界定法律責任時，希望能區分成年人和未成年人、有行為能力和無行為能力等，最好的方式，當然是針對個案來考慮。然而，一般社會都用「年齡」來界定成年人和未成年人。顯而易見的，這是一種不得已的「次佳」方案（second-best measure）。主要的考慮當然還是成本。以其他（更精確）的方式界定，會涉及更可觀的成本。

根據前面的論述，貼標籤的情形無所不在；既然如此，要一一論證法學（司法體系）裡貼標籤的現象，可能只會掛一漏萬。因此，這一節裡的論證，將討論司法體系裡「死刑」和「前科」這兩個問題。

該死？不該死？

貝克和蒲士納（Becker-Posner Blog）曾在他們著名的部落格裡特別提出了死刑廢除與否的議題，引發後續一連串的討論；當他們的論述出現在網路期刊《經濟學人之聲》（*The*

Economists' Voice）時，一樣引起正反兩面的論辯。對於這個問題，一直還沒有定論。

廢死議題，論述極多。反對死刑的主要論點之一，是司法可能會犯錯，而一旦犯錯無從彌補。蒲士納認為，至少在美國，判處死刑需要經過一道道、非常嚴謹的程序，因此犯錯機率幾乎微乎其微。反對死刑的另一主要論點，是執行死刑未必有嚇阻效果。貝克的論點是，處死一個人，只要能避免另一個被害人遇害，就是值得的。贊成死刑的另外一個主要理由，是把死刑視為「終極懲罰」（punishment of the last resort）。在現代文明國家裡，如果沒有死刑，最重的懲罰就是終身監禁。那麼，終身監禁的犯人，如果在牢裡又犯了強姦、殺人（殺死其他犯人或獄卒）等重罪，最多只能再判個無期徒刑，結果不痛不癢。相形之下，如果有死刑，當無期徒刑的犯人犯下重罪時，就可以派得上用場；對於其他服無期徒刑的人而言，都可以產生儆示效果。

贊成死刑還有一個理由，但是文獻上從來沒有出現過：戰場上兩軍交戰時，兵戎相見；不是你死，就是我亡。打仗不是請客吃飯，兵者死生之事也。對於敵人，毋需也無從憐憫；剝奪敵人的生命，就是保障和捍衛自己的生命。既然如此，對於社會外部的敵人

（敵軍）可以毫不猶豫的剝奪其生命；那麼，對於社會內部的敵人（連續殺人、結夥搶劫、性攻擊並殺害幼童等等的罪犯）為什麼不能剝奪其生命？

戰場上的敵軍，可能如你我一般，是正常平凡的小老百姓；彼此未必有深仇大恨，更沒有個人恩怨；只因為彼此剛好是敵我，就一律殺無赦。對比之下，社會內部的敵人，不只對被害人和被害人家屬，造成慘痛的傷害，對社會其他人也帶來沉重的威脅和陰影。這些「敵人」危害和可憎的程度，難道小於戰場上的敵軍嗎？為什麼可以剝奪社會外在敵人的生命，卻不能剝奪社會內在敵人的生命？

反對死刑的理由之一，是一旦把重犯關到牢裡終身監禁，就不會對其他人造成傷害；因此，毋需剝奪這些人的生命。這種觀點當然也有可議之處。對於潛在的犯罪者，如果知道不會面對死刑、毋需付出最昂貴的代價，那麼，根據需求定律，當犯錯的代價下降時，就會有較多的人犯下重罪。

以上的論述反映了對「死刑」的作法，顯然可以貼上不同的標籤：蒲士納的「犯錯機率很小」、貝克的「嚇阻效果」、「終極懲罰」、以及社會的「外部敵人／內部敵人」。由此也可見，任何人事物，往往有很多的面向；對不同面向的認知和解讀，就像是貼上了不同的標籤。每一個標籤，都捕捉了這個人事物的某些神韻；然而，每一個標籤和真相之間，也總有遠近不等的距離。公共政策的取捨，就是希望對問題的本質（真相），能貼上一個（或幾個）比較真實精確的標籤，然後作適當的因應。

無辜的累犯？

第二個貼標籤的事例，是犯罪的前科紀錄到底該如何處理。具體而言，在接受審判時，如果嫌犯前科累累，那麼他（她）以前的犯罪紀錄，可不可以成為呈堂的資料、呈現在陪審團之前？如果可以，陪審團可能對嫌犯貼上「累犯」的標籤，因而不利於嫌犯；如果不可以，陪審團會假設：嫌犯如同一張白紙，在被證明有罪之前，假設是無辜的。把初犯和累犯同等對待，是一視同仁；把初犯和累犯不同對待，是差別待遇。在法庭審理之前，不妨看看司法體系的其他部分，是採取哪一種作法。

警察局裡，刑警中的老鳥和菜鳥，會處理不同的案件。老鳥處理的，通常是比較棘手複雜的案件，要面對比較狡猾老練的嫌犯。檢察單位裡，也有老手和新手。年輕的檢察官，通常處理單純、刑期較輕的案件。此外，警察到文教區、商業區、和特種營業區巡邏時，通常配備不同，心情態度也不同。這些現象，都反映了差別待遇。而背後的原因，其實是一樣的：面對不同的情境，一視同仁的成本太高；採取差別待遇，成本低而效益高。

對於初犯和累犯，如果一視同仁，那麼，從逮捕嫌犯開始，到偵訊筆錄，到搜集證據（人證物證），到起訴論證，到法庭審理，都必須假設前科累累的嫌犯其實是一張白紙，以對待初犯的謹慎態度、程序、和作法，來對待累犯。然而，實務上，無論中外，在人力物力的運用上，顯然不是如此——對初犯和累犯，會有差別待遇。

司法體系的其他環節上，如果都是採取差別待遇，那麼有什麼理由，在法庭審理這個節骨眼上，必須改弦易張，對初犯和累犯一視同仁？如果陪審團知道當事人是累犯，可能先入為主，把無辜者誤認為有罪——這是第一種錯誤；如果陪審團不知道當事人是累犯，可能同情被告，把罪犯誤認為無辜——這是第二種錯誤。那麼，以常情常理來判斷，臨時編組的陪審團，犯哪一種錯的機會比較大？

累犯涉及的曲折，還可以進一步推敲。假設眼前有兩個累犯，一個是有五次前科的小偷，一個是有五十次前科的慣竊。衡量司法體系的資源，考慮陪審團所處的情境，斟酌納稅義務人的負荷——五次的前科，也許還不值得作為呈堂的資料；但五十次前科的資料，難道還不該作為呈堂資料的一部分嗎？有五十次前科的嫌犯，不能怪別人先入為主；該怪的是自己把自己弄成瓜田李下、啟人疑竇、甚至跳到黃河洗不清的窘境。因此，在五次和五十次之間，到底在哪一個數字上分出涇渭，並不明確；然而，總有一個界限，一旦觸及，前科的紀錄就值得呈堂。這種論點，和「三振出局」法的邏輯有點類似。三振出局，當然可能造成竊鉤者終身監禁的錯誤；但是，成本效益考量之下，還是成為許多地區的法條。對於累犯其實相同。也就是，當前科次數增加到某一個程度時，犯第一種錯誤（把無辜者誤認為有罪）的機率大幅下降，而犯第二種錯誤（把有罪者誤認為無辜）的機率大幅上升。

由貼標籤的角度著眼，對於累犯前科的問題，可以得到幾點啟示。首先，司法體系裡的各個環節，只要是人來操作，就不可避免會貼標籤；因為貼標籤，可以降低思維和行為的成本。其次，對於初犯和累犯採取差別待遇，等於是對兩種人分別貼上不同的標籤；對於兩種人一視同仁，等於是貼上同一張標籤。再其次，當前科次數不多時，一視同仁的一張標籤，可能勉強可行，好壞相去不遠。可是，當前科次數多不勝數（五十次以上時），用同一張標籤的缺點多、優點少；相形之下，用兩張標籤的差別待遇，缺點少、優點多。

最後，天秤上的兩端，一邊是嫌犯的權益；另一邊是負荷司法體系成本的納稅義務人的權益。天秤兩端的利益顯然都很重要。站在納稅義務人的立場（可以說是司法體系最終的價值所在），當然不會贊成任何情況下不論嫌犯前科累累到什麼程度，都假設是無辜的，清純一如白紙。

對於罪行重大的人，如果貼上「社會內部敵人」這個標籤，那麼，剝奪一個人的生命，就不是那麼殘忍無稽。同樣的邏輯，對於前科累累的嫌犯，如果貼上「和初犯無異、假設為一張白紙」這個標籤，在某些情形下，弊大於利。一言以蔽之：貼標籤，可以降低思維和行為的成本；司法體系裡標籤貼得好或不好，值得作成本效益分析。

在大陸法系的刑法裡，往往考慮嫌犯的「主觀惡性」，作為罪與罰的重要依據。大陸法系的刑法理論通常強調兩點：行為人的主觀惡性、和行為的客觀社會危害性。根據這兩點來決定嫌犯的罪責。就「主觀惡性」而言，涉及當事人的心智狀態，是藏在腦海裡的訊息，看不到、摸不著。因此只能藉助於「外在的事實」，間接推斷當事人的主觀條件。當然這是一種貼標籤的過程，對嫌犯的行為，不同的人，很可能會貼上不同的標籤。

❶ "Stereotypes are ideas held by some individuals about members of particular groups, based solely on membership in that group. They are often used in a negative or prejudicial sense and are frequently used to justify certain discriminatory behaviors. More benignly, they may express sometimes-accurate folk wisdom about social reality." 參考 Stereotype-Wikipedia, http://en.wikipedia.org/wiki/Stereotype.

參考文獻

◎ Akerlof, George & Kranton, Rachel E., "Economics and Identity", *Quarterly Journal of Economics*, 115（3）:715–53, 2000.

◎ Kato, Junzo, Koji Kosugi, Hiromi Ikeuchi, Noriko Nakagawa, Kumiko Mori & Hiroshi Nonami, "Measuring Social Stereotypes with the Photo Projective Method", *Social Behavior and Personality*, 34（3）:319-332, 2011.

◎ Riley, John G., "Silver Signals :Twenty-Five Years of Screening and Signaling", *Journal of Economic Literature*, 39（2）:432- 478, 2001.

◎ Vaknin, Sam, *The Merits of Stereotypes :Collective and Corporate Narcissism*, http ://samvak.tripod.com/14.html, 2002.

提問 12

“判決不只是判決？”

一群遊客前往國家公園參觀遊覽，四周山林風光，原始景觀美不勝收。一群人受到大自然的吸引往森林行去，愈走愈深入。走著走著，愈來愈偏離主要道路，周邊也愈來愈荒僻。隨著天色漸暗，他們開始慌張，試著想往來時路折返，卻怎麼也回不到大馬路上。折騰了好幾個小時之後，他們被一組工作人員找著，兩方人馬卻吵了起來：遊客指責公園內警告標示不足，工作人員反指他們不該到處亂走增加風險。雙方各自振振有詞，莫衷一是。

放訊號的故事

放訊號的故事，以斯賓塞（Spence, 1973）的論文為經典之作。故事的情節很簡單：雇主主觀認定學歷高者生產力高，付給高報酬；學歷低者生產力低，得低報酬。實際上，學歷和生產力之間可能毫無關聯，可是為了得到高報酬，高生產力者就去取得學歷這個「訊號」（signal）。結果雇主的信念得到印證：果然，高學歷者，生產力高。

對經濟學者而言，這個故事主要的啟示有兩點。第一，雇主主觀認定，再得到事實的支持，這是一種自我實現的信念（self-fulfilling beliefs）；有點天下本無事，庸人自擾之的味道。雇主的信念引發出員工的因應行為，再印證了雇主（無稽）的信念。第二，雇主的信念和員工的因應（放訊號），可能形成很多種樣貌（configurations）。而且，一旦成形之後，循環不已，成為均衡（equilibrium）。由均衡的樣貌裡，旁觀者往往可以逆推回去，萃取表面現象所隱藏的真實資訊。例如，路邊果樹，果實纍纍，這是現象。逆推回去，果實不是酸就是苦，否則早就被人採光。

12-1　放訊號

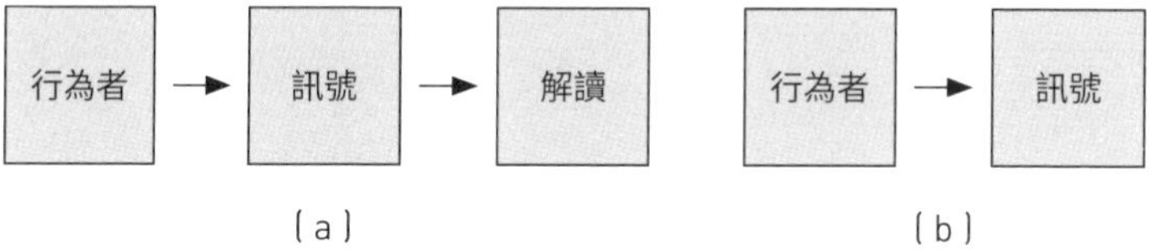

放訊號的現象，可以藉〈圖12-1〉來表示：法律規定，年幼的被害人，無需和加害人（嫌犯）面對面；這是有意的排除和過濾掉某些資訊。由放訊號的角度，這表示司法體系放出訊號，讓社會大眾知道：法院會保護民眾的福祉，不致於在審理過程中，受到進一步的折磨。

〈圖12-1〉左邊的（a）欄，畫出放訊號的三個環節：有人放出了訊號，行為者（actor）看到了訊號，然後解讀這個訊號。當然，原始的「訊號」和最後的「解讀」未必會一致，表錯情、好心沒好報，都是現成的例子。右邊的（b）欄，是放訊號的簡化，由行為者接受和解讀訊號。每個人根據「自我形象」（self-image）決定自己的舉止，由別人的角度來看，各種舉止都是在放訊號。

透過〈圖12-1〉，可以闡釋放訊號的幾點含義。在經濟學的文獻裡，多半是由「均衡」的角度，探討放訊號的現象，關鍵所在，只是單一均衡（single equilibrium）或多重均衡（multiple equilibria）而已。然而，根據〈圖12-1〉（a）（b）的剖析，可以對放訊號作較廣泛、一般性的解讀。放訊號，不一定和均衡有關，很可能只是只出現一次的「單一賽局」（one-shot game）。譬如兩人初次碰面，微笑握手寒暄；臉上的笑容，手掌的姿勢和力道，都放出善意的訊號，希望能傳遞到接受者的身上。在投保人壽或意外險時，必須填寫健康情況，這是保險公司要求投保人放出特定的訊號。隨著生化科技的發達，對遺傳和基因的瞭解愈來愈多，保險公司所要求的訊號，是不是有其上限？譬如，可不可以要求投保人提供家族裡過去厭世自殺的紀錄？

不過也不盡然。單回合賽局看起來是只此一次，其實還是涉及多回合和均衡。微笑握手，能傳遞善意的訊號，正反映了雙方過去的經驗。對雙方而言，在握手的那個時點上，微笑握手都反映善意；抽象來看，「微笑握手」和「善意」之間的關聯，正是處於一種均衡。因此，雙方才可以依賴現有的均衡，傳遞自己希望表達、也希望對方能正確解讀的訊號。可見即使是單一回合的放訊號，還是涉及均衡的概念。訊號能有效的傳遞、有效的解讀，必須訴諸於「釋放者」(sender)和「接收者」(receiver)之間，有「重疊的共識」(overlapping consensus)。如果沒有重疊的共識，對訊號的解讀，就容易出現誤會和衝突。

由此也可見得，和貼標籤一樣；日常生活裡，人們不斷的放訊號，也不斷的接收訊號。人際之間的互動，就是一連串的放訊號、接收訊號、放訊號。在伊斯特布克（Frank Easterbrook）的經典論文中，重要的論點之一就是：判決時，最好採取往前看的思維方式。看起來是處理過去的，其實是著眼於未來。因此，一言以蔽之，「我們處理過去，是為了未來。」

中國大陸國學重鎮季羨林曾有名言：忘卻歷史，就是背叛未來。由這個觀點，就容易體會季羨林這個警句：如果忘記歷史，等於是不處理、或放棄了過去。也就是，忘卻過去所放出的訊號，是沒有為未來著想，對未來的大好時光和機會，可以說是一種背叛。

放訊號的現象，在日常生活裡無處不在；能有效地施放和解讀訊號，有賴於人們資料庫中的共同部分。沒有重疊的共識，訊號將是一堆無意義的動作、符號、現象而已。

司法運作和放訊號

無論是大陸法系或英美法系，法庭裡的擺設、人員的服飾、進出的方式等等，都類似一種儀式（ceremony）。儀式的目的之一，就是希望身臨其境的參與者，會以特別的心情和態度來參與儀式。儀式的各個環節，顯然都具有效訊號的功能。這些特殊的安排，可以和其他場所作一對照：譬如電影院、超市、百貨公司、職業球賽的場地。雖然都有各自明確目的，但是和生活裡別的場所相去不遠。法庭的儀式性、象徵性安排，有一個重要的功能在於，藉著服飾、座位、程序等，持續放出訊號：眾人聚集在這裡，主要是為了案件，而不是為了社交或休閒等其他功能。所有人注意力集中，以案件官司為焦點，希望能有效率地完成程序；大家避免浪費時間心力，也避免犯錯。畢竟如果法庭像教室一樣，案件審理的效果將難以想像。

司法裡有兩種放訊號（signaling）的情境：「法原則」（doctrine）、和「正常人原則」（the reasonable person rule）。在英美等習慣法國家裡，大大小小的法原則，往往是由具體的官司中形成。判決一旦確立，等於是揭示了司法體系的立場；放出一個訊號，作為以後社會大眾行為和法院判決的依據。不同的判決和連帶揭櫫的法原則，影響層面當然不同；然而，法原則所具有「放訊號」的特性，則是無分軒輊。

二〇〇五年，美國最高法院作出判決，為「不合理搜查」（unreasonable search）放出一個清晰、引人注目的訊號。官司的原委很簡單：高速公路警察開超速的罰單時，一位同僚帶著緝毒犬趕到；嗅聞之下，兩位警察在車後行李廂裡，發現有價值二十五萬美元的大麻；駕駛因而被逮捕，判刑十二年。駕駛提出控訴，認為公路警察的作為，違反憲法第四增修條款：禁止「不合理的搜查」（unreasonable search）；既然程序不合理，所得到的證據（大麻等違禁品），也就不能成為違法行為的佐證。經過一連串的官司，美國最高法院作出決定：處理正常的交通事件時，緝毒犬發掘毒品，並不違反憲法第四增修條款。這個決定，顯然是放出了一個很特別的訊號；對於交通警察及各地的執法人員而言，今後的舉止想必更可以直道而行。

事實上，判決會放出訊號、產生警示效果，是法院可以預見的。因此，法院在審理案件時，就值得採取前瞻性、往前看（forward looking）的態度；預先設想，這個判決會如何影響人們的行為。也就是，在處理手上的案件時，法院值得思索：長遠來看，放出哪一種訊號，能誘發出較好的行為因應？伊斯特布克有個一再被引用的經典觀點，他強調：法院在處理手上的案件時，要放棄往後看（backward looking）的態度，而採取往前看（forward looking）的視野。因為往後看只是切餅的問題；往前看，則是希望餅能變得愈來愈大。由本文的角度著眼，往前看的視角，目的就是放出好的訊號；而且，貼標籤時，也可以有類似的考量，著眼於未來。當然，放訊號和貼標籤，考量的不只是官司，而是適用於司法體系的其他環節。更廣泛的看，組織理論和公司治理，也都可以由貼標籤和放訊號的角度，重新檢驗一番。

法院以判決（或法原則）放出訊號時，不可避免要面對一種缺憾。官司，是已經發生的事；因此，任何判決和法原則，都是以過去的事實為基礎。由官司中形成的法原則，也就是由已經發生的事實中提煉而出。可是，未來卻未必是過去的翻版或重覆，新生事物可能隨時產生；對於新生事物，依現有的法原則來處理，可能捉襟見肘，提綱而不能挈領。

面對新生事物，怎麼辦才好？

過去既不能依恃，未來又不確定；這時候，面對新生事物，法院比較好的作法，也許就是放出一個模糊的訊號：官司的諸多面向裡，法院只處理其中的一兩個枝節；針對問題的局部處理，而不處理問題的全面。等累積了足夠的案件，對問題的全貌了解比較清楚的時候，再提出原則性的法原則。這種作法，蒲士納稱為「打混仗」（the muddle-through approach）——打混仗，不採取明確立場，也是法院所放出的一種訊號。

而，在很多侵權官司裡，法官會援用「合理注意原則」（the due care doctrine）或「正常人原則」（the reasonable person rule），作為判決的依據。藉著一個具體的官司，可以反映這兩個類似、但不完全一樣的法原則。合理注意原則，對不同的行業和專業程序，有不同的內涵；正常人原則，則通常適用於一般平民大眾。

下面這個官司是美國夏威夷的「聖靈瀑布」（Sacred Falls）發生的落石意外所引發：一九九九年五月九日下午，觀光客絡繹於途的聖靈瀑布，發生落石意外；煙消霧散之後，有八人死亡、五十餘人受傷。聖靈瀑布落石的官司，夏威夷法院作成判決：在聖靈瀑布附近的相關地區，夏威夷州立公園沒有樹立適當的警示標誌，提醒遊客潛在的風險。

這件官司裡，法院藉著判決，放出了重要的訊號；而且，稍稍深究就可以發現，法院的判決隱含了兩種訊號。第一，法院認定，夏威夷州立公園沒有設立適當的警示標誌。這意味著法院認為：站在專業經營者的立場，這個單位的作為，應達到而未達到「合理注意原則」所隱含的尺度。當然，法院並沒有進一步標明，警示標誌應設立幾個、大小如何、離瀑布和溫泉多遠、內容如何等等；法院只是消極的判定，在這個個案中，夏威夷州立公園「作得不夠」。

第二，法院也同時認定，聖靈瀑布的遊客們，無須承擔過失責任。遊客到大自然裡休憩活動，本來就承擔著某種風險；對於潛在的風險，在某種程度上，本身應負起注意和防範的責任。也就是，根據「正常人原則」，遊客也有某種責任。然而，在這件官司裡，法院卻認定，這個法原則不適用。換言之，法院認為，在這兩件意外裡，遊客的作為「不是重點」。

因此，這件官司，法院的判決，隱含了好幾種訊號：夏威夷州立公園的作為，沒有達到「合理注意原則」要求的標準；遊客們只需承擔「正常人原則」的責任；其他的法原則

——最低成本防範原則（the least cost avoider doctrine）和可預見原則（the foreseeable doctrine）等，都不相干。

抽象來看，司法體系所操作的法律，是社會活動的遊戲規則。這套遊戲規則很重要，原因之一是社會活動像是多回合賽局（a repeated game），會延續下去。因此，法院對遊戲規則的闡釋，等於是放出訊號，以對未來的活動產生宣示效果。司法體系要放出哪些訊號（清晰或模糊、單一或多個），顯然值得作仔細的評估。

無論是民事或刑事案件，開庭審理時，當事人、檢察官、律師、證人等等，所作的發言、面部表情、肢體動作，都是在釋放訊息。有些訊息，是經過篩選，有意釋出；有些訊息（譬如，肢體語言），可能是不自覺地釋放而出。既然許多訊息是當事人有意釋出，自然而然就涉及真偽的問題。由此也可見，資訊問題對法學／司法運作，是個非常重要的問題，值得作有系統、深入的探討。

「法律和文學」（Law and Literature），已經逐漸成為一個小的研究領域：一方面，文學戲曲裡，多的是關於官司糾紛的材料；另一方面，司法體系的運作、法律條文、起訴文件、詰問證詞、判決公告等等，無不涉及文字和表達方式。同樣的道理，「法律和資訊」（Law and information），也是一個亟待開墾的園地；一方面，司法體系的運作，搜捕、偵訊、審判等等，就是在處理各種資訊；另一方面，語言文字符號，都在傳遞資訊，抽象來看，其中的規律性（regularity），和法律當然有互通之處。

參考文獻

◎Brunet, Edward, "Judicial Mediation and Signaling", *Nevada Law Journal*, 3（2）:232-258, 2003.

◎Easterbrook, Frank H., "The Supreme Court, 1983 Term- Foreword :The Court and the Economic System", *Harvard Law Review*, 913（1）:4-60, 1984.

◎Riley, John G., "Silver Signals :Twenty-Five Years of Screening and Signaling", *Journal of Economic Literature*, 39（2）:432- 478, 2001.

◎Spence, Michael, "Job Market Signaling", *Quarterly Journal of Economics*, 87（3）:355-374, 1973.

提問 13

“前科累累，定會再犯？”

小五出獄了。幾年前她因為一時鬼迷心竅，挪用公司的零用金，被老闆逮到。第一次，第二次，第三次，老闆原諒了她很多次，卻一直沒有真正「感化」她，最後不得不把她送去警局。出獄之後，小五先到阿姨經營的咖啡廳工作，除了阿姨，沒有人知道她犯過的事。原本風平浪靜，沒想到過幾個月，某天點錢的時候發現有所短少，過幾天又短少，阿姨看向小五的眼光，好像有那麼一點點不一樣……

貼標籤一向是社會學所探討的課題；放訊號，則是經濟學所研究的主題。可是在本質上，貼標籤和放訊號，都和資訊有關。而在資訊經濟學裡，這兩種現象似乎彼此獨立；過去沒有人嘗試把這兩種現象放在一起比較分析，並一以貫之。另一方面，司法體系裡，資訊是個非常重要的議題；可是資訊這個概念涵蓋的面向太廣。然而，透過貼標籤和放訊號這兩個概念，可以具體明確的檢驗司法體系運作的內涵，以及對司法運作有更深入的認知和體會。

司法體系的資訊問題

金融市場（financial market）和司法體系（legal system），看起來是兩個截然不同的部門，即使相關，也往往是金融市場的經濟活動出了問題，需要由司法體系來處理善後。然而實際情況並非如此，這兩個部門在性質上其實有很多共同點。

金融市場和司法體系裡的主要活動，都是在處理「資訊」（information）。金融市場裡，撮合股票交易的買方和賣方，固然是資訊問題；公司上市、財務報表、重大訊息揭露等等，也都和資訊有關。司法體系裡，原告被告之間的是非，是標準的資訊問題；法庭裡的審理、兩造之間的論對辯難、陪審團的斟酌評估、有罪無罪的認定、對法律和憲法的解釋等等，也都是在處理資訊。

其次，金融市場和司法體系這兩個部門，雖然都是在處理資訊，可是大部分時候，都不是處理第一手的資訊（first-hand information），而往往是間接處理二手資訊（second-hand information）。實際的經濟活動，在公司本身的工廠和辦公大樓裡進行；透過財務報表、證券分析師的評估解讀，金融市場裡呈現了公司的面貌。這些顯然都是二手資訊。另一方面，投資大眾也接觸不到第一線的經濟活動。他們看到的是公司股價的走勢圖、歷年分派的股息紀錄、和媒體上的各種分析建議等。金融市場裡處理的，顯然大部分是二手的資訊。

司法體系的情形，幾乎無分軒輊。刑案發生時，往往只有當事人在場；辦案人員事後處理的，已經是二手資訊。法院裡經過檢察官、律師及至於證人等等的陳述，陪審團和法官接觸的，更是對於事件發生的「描述」（description）。描述，是被呈現出的資訊，而不是時光倒流、回到過去、錄影倒帶、身歷其境。刑案是如此，民事官司的原告被告，不也相同？在法庭裡，他們各自表述，提出自己對事實的陳述；陳述，是事後的重建，是關係人選擇呈現出的資訊。因此，司法體系所處理的，在相當的比例上，顯然也是二手或三手的資訊。

經濟學對貼標籤的討論並不多，喬治・亞瑟・阿克洛夫（George Arthur Akerlof, 1970）以指標（indicators）的角度，分析資訊不對稱時指標對行為的影響。此外，在勞力市場裡，聘僱傭工時如何篩選（screening），也曾有廣泛的討論。利用指標和篩選，顯然都和資訊（不對稱）有關，也和貼標籤及放訊號有關。當然，指標和篩選，貼標籤和放訊號等等這些概念，著重點不同。利用篩選和放訊號這兩個概念，可以有效的捕捉勞力市場（labor market）的精髓。

司法體系裡放訊號和貼標籤的例子，所在多有。例如，最高法院判決時，清楚的知道這個判決會對未來產生影響；也就是最高法院透過判決放出訊號，希望產生宣示效果。

其次，在官司進行之前，由檢察官或法官主持，讓雙方當事人碰面；透過協商希望能達成協議，避免由法庭正式審理，以節省司法資訊。主持協商時，法官或檢察官往往有意放出某種訊號，讓當事人知道：一旦正式審理，可能結果會是如何。最後一個例子：眾所周知，司法女神雕像的眼睛上，被一條布幔所遮住。表面上的解讀是司法女神只問是非，不問當事人的身分地位財產等等。這是司法體系對當事人貼上的標籤，也同時放出了特別的訊號。可見得司法體系裡，很多現象與放訊號和貼標籤密切相關。由放訊號和貼標籤的角度，闡釋司法體系運作，似乎最直覺而清晰。換句話說，利用貼標籤和放訊號這兩個概念，可以捕捉司法運作的精髓。

貼標籤和放訊號：聯結

放訊號和貼標籤的對比，可以藉〈圖13-1〉來呈現：

圖中，左邊的（a）欄是放訊號；右邊的（b）欄是貼標籤。放訊號和貼標籤之間的共

13-1　放訊號和貼標籤

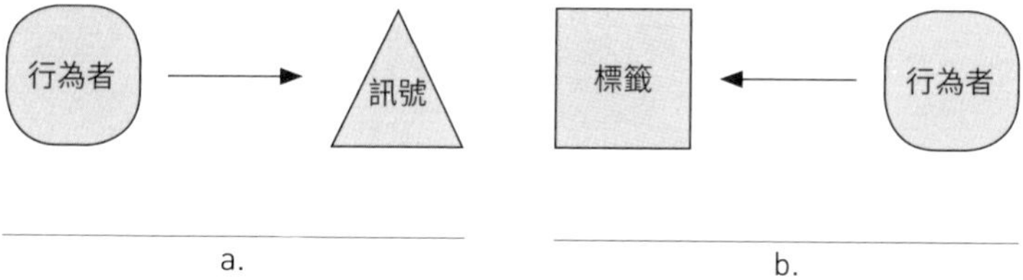

同點，可以列舉如次：第一，都和資訊有關，也都和「訊號」有關；第二，都涉及對訊號的解讀和賦予意義。第三，很多相關的材料（資訊），都隱身幕後。在放訊號的情形裡，行為者們（訊號的施放者和接收者）過去的經驗、社會文化習俗等，都會影響訊號的施放和解讀。在貼標籤的情形裡，被貼標籤的人，可能渾然不覺；但是，貼標籤的人，是依賴過去的經驗、社會文化習俗等，貼上他(她)認定適合的標籤。第四，放訊號和貼標籤的結果，可能是錯的、不好的、不正確的；但是，這兩種社會現象，在日常生活裡充斥瀰漫、無所不在。人際互動、社會正常運轉，都和放訊號及貼標籤有關。第五，追根究柢，放訊號和貼標籤的基本動力（driving force），都是成本；透過放訊號和貼標籤，人們能有效的降低思維和行為的成本。

由〈圖13-1〉裡，也可以看出兩者的主要差異所在。放訊號的重點，是施放訊號的人，希望接收者收到特定的訊號（或對訊號作特定的解讀）。相形之下，貼標籤的重點，是貼標籤者主動賦予某種訊號（符號）。也就是，居於關鍵地位的行為者（主動的人），是放訊號的人以及貼標籤的人。其他的人，隱身幕後，居於次要的地位。由這些簡單的比較，可以看出放訊號和貼標籤的相同相異之處。

此外，〈圖13-1〉裡所呈現的貼標籤和放訊號，只是一回合的景象。一旦考慮到多回合的互動交往，貼標籤和放訊號通常環環相扣，互為因果。關於這一點，在後面的分析裡，會有進一步的討論。無論如何，對一般人而言，放訊號和貼標籤確實非常重要。對一般人固然重要，對維繫社會遊戲規則的司法體系而言，意義又是如何？

在第六十頁的〈圖4-1〉中，反映了寇爾門的方法論。我們可以看見，t0時點，社會現存的典章制度，具有標籤的意義；對於t1時點、微觀層次的行為，放出了清晰（或不清晰）的訊號。在t1時點的行為，經過匯集加總，在t2形成宏觀層次的典章制度、風俗習慣等。這些都可以看成是凝結而成的結晶體，也具有各自的標籤。因此，寇爾門的結構圖，可以表示成「標籤—訊號—標籤」的過程；反覆進行，社會緩慢蛻變。

貼標籤和放訊號的循環

前面曾經指出，一旦考慮到多回合的情境，貼標籤和放訊號往往互為因果，環環相扣。

以死刑而言，如果把重刑犯看成是社會的「內部敵人」，死刑就不是那麼難以接受。一旦採取這種立場，立刻放出兩種訊號；一種具體，一種抽象。具體的訊號，非常明確：重刑犯，不再只是面對終身監禁，而可能被剝奪性命。根據需求定律（價量反向變動），當犯重罪的價格上升時，犯重罪的數量會減少。長期來看，對殺人勒贖等重罪，還是會有某種程度（marginally）的影響。

保留死刑，也放出比較抽象的訊號；對死刑這個議題的考量，焦點已經由死刑犯「本身」，轉移到社會「其他人」的身上。考量的重點，不再是剝奪個人尊嚴、可能會犯錯等等因素；重刑犯對社會上其他人造成的影響，變得比較重要。隨著跨國恐怖攻擊逐漸增加，各國對社會安全的顧慮逐漸加重；由罪犯本身權益轉向社會大眾權益，似乎是二十一世紀初的趨勢。這個趨勢會不會像鐘擺一樣，擺向另一端，當然有待時間證明。不過，鐘擺的擺動和位置，是動態演變過程中的樣貌（configurations）；而這些樣貌，顯然和對死刑所貼的標籤、以及這個標籤所放的信號有關。

對於累犯的問題，也可以作類似的考量。有五十次前科的累犯，假如審理時可以把前科紀錄呈堂，會貼出一種特殊的標籤，而這種標籤，顯然會產生放訊號的作用。可能引發的現象，至少有下列幾種：第一，五十次的前科紀錄開始呈堂時，檢辯雙方和陪審團，顯然會特別謹慎，避免被前科這個標籤所誤導。第二，日積月累，有五十次前科的嫌犯被認定有罪的比例，當然會高於前科較少、紀錄沒有呈堂的被告。第三，接近五十次前科的罪犯，可能會避免跨過這個門檻；因此，法庭裡出現前科五十次的被告，可能愈來愈少。這時候，司法體系可能把門檻下降為四十次；一旦前科達到四十次，開庭審理時前科就可以呈堂。這時候，同樣的過程會再次出現。最後門檻會變成多低，是一個實證上的問題（an empirical question）；但毫無疑問的，對累犯貼標籤會放出訊號；而這種訊號，會影響累犯的行為。

就法原則（doctrines）而言，本身就是一種標籤。對不同的案件，採用不同的法原則，就是利用光譜中的某一區間，來認知眼前的情境。在高速公路警察處理超速和緝毒犬介入的事例裡，美國最高法院認為並不構成「不合理搜查」。最高法院的判決，對執法人員和駕駛而言，都是放出特別的訊號。可是，這同時意味著「不合理搜查」這個法原則（標籤）的內涵，已經被重新界定。巡查時對駕駛的要求、和公路警察本身的職責之間，關係將更為緊密。公路警察舉止的空間、以及緝毒犬的運用，也將更為明確；駕駛也將期望，緝毒犬的運用，將成為交通警察執行勤務的一部分。對於「不合理搜查」的概念，以後也會有更清楚的期望、認知和解釋。

另一方面，關於夏威夷聖靈瀑布的官司，法院認定公園管理局的作為，沒有達到「合理注意原則」所要求的尺度；相對的，遊客們本身，則不需要承擔「正常人原則」所隱含的責任。可是，判決只認定管理局「作得不夠」，而沒有說明該做到何種程度。因此，對其他國家公園和類似機構而言，在解讀「合理注意原則」這個法原則（標籤）時，得到的啟示似乎就是：多設警告標誌，多多益善！對遊客而言，得到的認知和啟示（貼上的標籤）則是：在國家公園的大自然裡，防範意外的責任，是在公園而不在自己。

換句話說，如果法院援用的不是合理注意原則，而是「與有過失」（contributory negligence）——這樁意外，園方和遊客都有某種責任（過失）；那麼，以「往前看」的角度著眼，也許會產生較好的訊號和標籤。

一般我們希望犯人出獄後還是能重回社會，因此，「受刑人」、「前科」等標籤，最好不要影響生活和工作。然而，對於某些罪刑，卻採取差別待遇。譬如孌童症者不得申請和育幼有關的工作，多次性騷擾前科者要通報社會治安單位等等。這時候，放出適當的訊號，有助於避免潛在的犯行。貼標籤和放訊號，也要作成本效益分析；也就是，針對這兩個概念，需要進一步考量排序（ordering）和程度（magnitude）的問題。

現代工商業社會裡，很多專業其實都和資訊有關。會計師處理的業務，本質上是資訊；醫生所處理的，也有相當一部份是資訊；教育的各個環節，更不折不扣是資訊。司法體系所處理的，表面上是公平正義，其實是資訊問題。眾所周知的法原則，譬如：超越合理懷疑（beyond a reasonable doubt）、證據充分原則（the preponderance of evidence）、明顯而立即的危險（clear and present danger）等等。

傳統華人社會裡，法院裡高懸明鏡，是提醒法官要明察秋毫，也撫慰當事人真理必明。其實，不論是西方眼睛蒙布的司法女神、或是東方法院裡高掛的明鏡，都和資訊有關，本質上也都是資訊問題。

參考文獻

◎ Akerlof, George A., “The Market for ‘Lemons’ :Quality Uncertainty and the Market Mechanism” , *Quarterly Journal of Economics*, 84（3）:488-500, 1970.

◎ Braithwaite, John, “Penalties for White-Collar Crime” , *Complex Commercial Fraud :Proceedings of a Conference*, 1991.

◎ Posner, Richard A., “Narrative and Narrotology in Classroom and Courtroom” , *Philosophy and Literature*, 21（2）:292-305, 1997.

◎ Tamanaha, Brian Z., *Realistic Socio-Legal Theory*, Oxford : Oxford University Press, 1997.

提問 14

“法學和其他社會科學有什麼關係？”

好不容易進到法律學系，俊彥無時不刻標榜著「法學至上」，對其他學科雖不到嗤之以鼻，卻也不願多花心神。他認為文學太過風花雪月，心理學不夠務實，政治和社會是該由法學來規範的，當然還是要先以法學為主。但即使他詳讀各門法學理論，對條例也倒背如流，卻總被說成腦袋僵化、不懂現實。他不理解，問題到底出在哪裡？

法內之學

法學，除了是一門學問，也和司法工作密切相關。受過法學教育的學子，從事律師、檢察官、法官等行業，要面對具體的偵辦、起訴、和官司案件等。因此，法學的實用性很強，法學教育幾乎有一點像是職業教育。法學宿儒波斯納法官嘗言：傳統法學教育很實際，就像培養出一代又一代能修水管電燈的技術工人一般。

另一方面，兩岸民法第一人王澤鑑教授也嘗言：法學，（可以說）就是釋義法學（doctrinal analysis of law）。這句話的內涵，值得稍作澄清。法學中的教義，指的是歷來法學界所眾議僉同、不爭議的一些法原則（doctrines）；譬如誠實信用原則，私法自治原則、緊急避難原則、正當防衛原則等等。在這些原則的基礎上，設計法律條文、解釋法律、處理案件。各種教義（法原則）是操作法律的基礎，法原則符合常情常理，也符合一般人道德上的直覺。因此，這些法學則，成為世世代代法律學者和學子，奉行不悖、深信不疑的信念。

由旁觀者來看，以法原則（教義）為基礎，建構法學理論，是一種低成本的運作方式。然而，有幾點根本的問題，卻隱身於各種教義之後。

第一，這些法原則本身由何而來？在哪些條件下，值得接受這些原則？哪些條件改變，值得調整法原則？如果要調整，又是朝哪個方向，為什麼？第二，操作這些法原則時，要實現到哪一種「程度」（magnitude），為什麼？第三，當這些法原則彼此衝突時，該如何取捨，為什麼？

對於這些問題，長期浸淫法學的長者智者，可能有一些慧見可以分享。可是，多半是點般的智慧（pointwise wisdom），而不是體系完整的理論。「法內之學」，有一點像是從中間開始，講了一半的故事。故事的前半段，只能像法外之學吸取養分。

法外之學

從法學之外探討法學，可以由兩個角度：狹隘的經濟學，廣義的社會科學。

對於法學，經濟分析至少有兩點可以提供參考。經濟活動，最後可以分為兩類：供給者和消費者。在市場裡，這兩群的利益彼此衝突、直接對立。當然，在較高的層次上，經由交換雙方互蒙其利，結果是雙贏。兩方利益衝突和對立，和法庭裡原告被告的情形，無分軒輊。而且貨幣出現之後，買賣不再是以物易物，而是可以利用貨幣，錙銖必計到小數點之後。也就是說，經濟分析習於處理衝突和對立的利益，而且有精確衡量的工具。對於案件官司而言，如何評估衝突對立的利益，經濟分析已經發展出諸多工具；在抽象和概念的層次上，有相通和彼此可以借鑑之處。

法學和很多學科之間都可以建立起聯結。譬如「法學與文學」已經是卓然有成的研究領域，何柏生教授的《法學中的數學》也令人眼界大開。當然，和法學關係最密切的還是社會科學：人類學、社會學、政治學、經濟學；心理學，介於醫學、人文學科和社會科學之間；（歷）史學，介於人文學科（the humanities）和社會科學之間。

在社會科學裡，理論體系最完整的，還是「社會科學之后」——經濟學。一個學科（discipline），通常可以用兩種方式來界定：這個學科所研究的主題（the subject matter），和這個學科分析問題的方式（the analytical approach）。經濟學所探討的主題，就是生產買賣、金融貿易等「經濟活動」。但經濟學所發展出來的研究方法，不限於探討買賣金融等。經濟學能進入法學、政治學、社會學等領域，並且卓然有成，就是依恃普遍適用的分析方法，在社會科學裡，其他學科的分析方法，也許長於處理自己學科的問題，卻不能跨越學科的門檻、有效的探討其他學科的問題。「社會科學之后」的說法，其來有自。因此，我們可以由社會科學的角度，再次闡釋經濟學和法學的關聯。

以經濟學的發展而言，有兩個年份有著特殊的意義，特別是對法學來說。一七七六年，亞當斯密出版《國富論》，標誌著（近代）經濟學的誕生。經過近兩百年的累積，經濟理論逐漸成熟；核心部分，經濟學者之間已有相當的共識。一九六〇年前後，不約而同的，以美國的芝加哥大學為發軔，經濟學向其他領域擴充。以經濟學探討社會問題，是社會經濟學，奠基者為貝克（Gary Becker）；以經濟學探討政治過程，是公共選擇，奠基者是布坎楠（James Buchanan）；以經濟學探討法學，是法律經濟學，奠基者是科斯（Ronald Coase）。

經濟學帝國主義向外擴張，當然帶來諸多質疑和怨懟；但是，毫無疑問，單單是能跨越傳統學科的門檻，在不同的領域裡發光發熱，就表示經濟學的分析架構不只能分析生產買賣而已。對於政治、社會、法學領域的問題，經濟分析的架構都能一以貫之，無入而不自得。換一種描述的方式，就是法律、政治、經濟、社會等領域的問題，都是社會現象，表現不同而已；經濟學的分析架構，可以分析各種社會現象。在所有的社會科學裡，至少到目前為止，只有經濟學所發展出的領域，能有這種普遍適用的解釋力。

社會科學的養分

對法學而言，社會科學（特別是經濟學）是法外之學；由法學外帶來的養分，使法學的園地更為肥沃可喜。

對傳統法學而言，社會科學帶來的養分，有幾點值得提出。首先，和「法學即教義法學」的立場相比，社會科學可以把教義（法原則）的來龍去脈交代清楚。各種法原則的基礎，不再是來自於學界人士的信念，而是來自於真實世界的材料。也就是，法學理論，可以是一個完整的故事，而不再是由教義（法原則）開始，往下延伸。

其次，傳統法學裡，規範性、道德性的成分非常濃厚。社會科學，是對社會現象提出描述和解釋。這是一種刻劃和闡釋的過程，是中性而不含價值判斷的。傳統法學，基本上是應然之學（a normative discipline）；社會科學，基本上是實然之學（a positive discipline）。以社會科學為基礎，可以降低法學的道德成分，使法學裡的論述更為中性，增加說服力。

再其次，對於各種社會現象，社會科學嘗試提出解釋，也就是回答各式各樣的「為什麼」。法學教育裡，通常以法律條文為起點，解釋甲說乙說丙說等。可是，為什麼法律如此規定，不但學子們很少追究，連講台上的老師也往往知其然而不知其所以然。（社會）科學的最重要功能之一，就是在探索「為什麼」。因此，社會科學為法學的許多論述，提供了和釋疑的材料；而且，能回答一連串的「為什麼」，也表示學子們能培養出獨立思考的能力——自己提出問題，面對問題，和解決問題。

傳統法學，也就是法內之學，一向把公平正義看成是終極價值；至於公平正義由何而來，追求到何種程度等等，卻往往付諸闕如，不處理，或不知如何處理。

相形之下，由旁觀者的角度，社會科學對法學的解讀，可以歸納出兩點智慧結晶。

第一，法律即規則，規則即工具（law as rules，rules as tools）。自原始初民社會以來，人際相處就有不可避免地有各式摩擦，小的口角謾罵，大的燒殺擄掠。為了共存共榮，需要一套遊戲規則，能處理人際相處的大小問題。而法律，就是慢慢發展出來的遊戲規則。因此，把法律「視為」、「解釋」為：規則，是一種中性而貼切的描述。進一步，規則的重要作用，就是退而除弊、進而興利。由此可見，規則是一種工具性的安排，具有功能性的內涵。在眾多可能的工具裡，選擇和配備較好的工具，當然很重要。如何選擇和配備好的工具，自然需要更高層次、腦海裡的一套思辨能力和篩選標準。

第二，概念及工具（concepts as tools）。對於麵包師傅而言，只要能把麵包作好，毋須多言。對於買麵包的消費者，只要喜歡就掏錢，毋庸辭彙。可是，在法學和司法運作的過程中，需要經過一連串的論證：起訴罪名、適用法條、證據為何、證人證詞是否有效、故意或過失、符合自首與否，等等。每一個環節，都需要論證；而且，因為涉及至少三方面（原告、被告、法院），所以論證的過程和內容必須有客觀性。各種概念，就是溝通論證的媒介（medium）；但是，很明顯的，概念只是工具性的媒介，本身不是目的。因此，在法學裡，概念的地位重要無比。對於各種概念的闡釋和運用，也值得由工具性的角度加以分析；選擇好的工具，當然能提昇司法運作的效率，能提高法學理論的說服力。

當然長久以來，法學也發展出自己高貴尊榮的傳統，自給自足，毋庸外而求也。不援引社會科學，法學已經有幾千年的傳承，可以自成體系。然而，對法學而言，援引社會科學，意味著「典範轉移」（paradigm shift），由道德哲學為基礎，轉變成以社會科學為基礎。也許很多（甚至絕大部分的）理論都不受影響，但是法學這個學科的性質，已經由規範轉為實證。這種轉變，有點像是讓法學的基礎，進一步由流沙轉變成花崗岩。

架構和分析

社會科學的分析架構，值得再總結歸納一次；如何把分析架構運用到具體法學問題，

14-1a 經濟分析基本架構

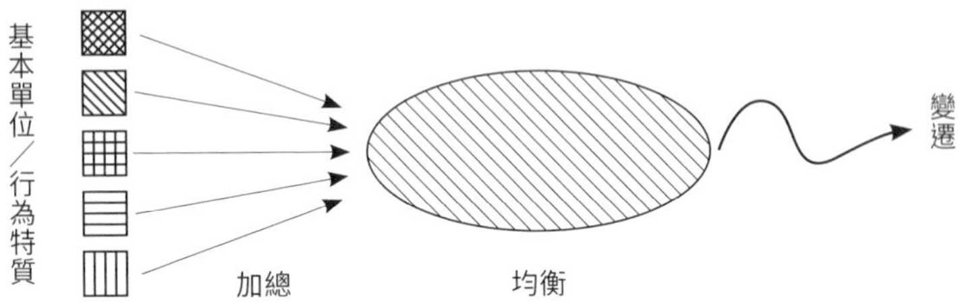

也值得再展示一次。

前面各講所介紹的材料裡，有兩個圖形可以再呈現一次。〈圖14-1a〉，是「基本單位—行為特質—加總／均衡—變遷」；〈圖14-1b〉，則是第四講裡的單一個。

兩圖所代表的意義，可以簡單陳述。左邊的圖形：社會現象，是由人的行為所組成；分析的基本單位就是個人，而個人是具有理性和自利這兩個特質；反映在行為上，就是降低成本。眾多個人的行為匯總之後，經過互動而形成均衡。當均衡面對內在或外在的衝擊時，會產生變遷。社會的典章制度，包括法律和司法體制，都可以看成是一種均衡。

〈圖14-1b〉的圖形，有兩個重點：第一，宏觀

14-1b　社會變遷

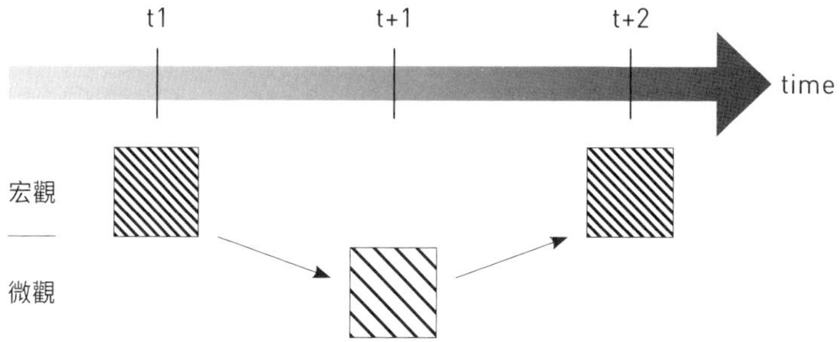

層次的風俗習慣、思想觀念，影響到微觀層次的行為；而微觀層次的行為匯總之後，成為宏觀層次的現象。第二，「宏觀─微觀─宏觀」的結構，隱含動態（dynamic）的過程和變化，也就是有著時間的因素。對一個社會而言，既有春夏秋冬般，不斷重複的成分，也有物換星移、與時俱進的成分。兩圖的意義，一言以蔽之：存在不一定合理，存在一定有原因；社會現象是有意義的，可以「以理解之」。

利用〈圖14-1a&b〉和相關的材料，可以分析法學裡的幾個概念。

首先是「因果關係」（causal relations）這個概念。眾所周知，因果關係成立與否，和當事人（及嫌犯等）有沒有責任密不可分。對於因果關係的探討，在法學文獻和教材裡連篇累牘。然而，利用〈圖14-1a&b〉，卻可以由社會科學、旁觀者的立場，對這個概念增添新的體會。

具體而言，經過長時間的孕育摸索、嘗試錯誤（trial and error），法學裡所接受和運用的因果關係，可以看成是一種均衡：因果關係的內涵以及邊界（成立與否），都相對地穩定。而且，長遠來看，穩定（均衡）的因果關係，通常是直接的、明確的、範圍小的、短期的。相對的，長期的、範圍大的、隱晦的、間接的因果關係，不容易穩定（成為均衡）；也就是，不容易被司法體系所接受。再進一步，在面對疑難雜症或特殊事件時，對於承認因果關係與否的取捨，可以採取「往前看」（forward looking）的視角：如果接受（或不接受）這種因果關係，長期來看，會引發哪些行為？由這些行為的良窳，再決定是否接受這種因果關係。

其次，是法學的核心觀念，正義。正義這個概念，當然不是從天而降，也不是聖人哲王的教誨。原始初民社會，為了處理不可避免的衝突摩擦，發展出各式各樣的做法；這些作法濃縮抽象的最核心，就是「正義」這個概念。因此，世界各地的人們，面對類似的衝突摩擦，也都發展出類似的概念。正義是一種工具性的設計，具有功能性的內涵，殆無疑義。

正義的概念，經過幾千年（甚至上萬年）的發展，相當穩定。然而，近幾世紀的兩個「衝擊」，對人類生活帶來重大的變化，連帶的也為正義充填了新的內涵。精確而言，十八世紀下半葉開始的工業革命，以機器代替人力，大量生產（mass production）應運而生。市場擴大之後，人口慢慢集中，帶來都會區和都市化的生活型態。經濟活動的規模，遠甚於往昔。兩個世紀後，二十世紀下半葉開始蓬勃發展的網際網路，跨越了地理的疆界和限制，使網路世界／地球村正在快速地醞釀成形。

都會區和網際網路的人際互動，都迥異於傳統游牧農業的生活型態；連帶的，人際相處所需要的遊戲規則（法律及規則），性質上也逐漸改變。有兩點可以參考：傳統社會裡，應報（retribution）的邏輯（以牙還牙）；可能是正義主要的內涵。工業革命後的經濟活動，改變了人類生活的樣貌；效率的考量，點點滴滴地注入了正義的內涵（買賣不破租賃）。另一方面，透過網際網路／手機，人際互動的頻率遠遠超過以往；遊戲規則的主要功能，已經由過去的「除弊」轉向今後的「興利」。概念即工具，正義這個概念，雖然名詞不變，但內涵已經悄然蛻變、與時俱進；在不同的時空條件下，承擔不同的責任，發揮不同的功能。

法學的實用性很強，一向和道德哲學關係密切，卻和社會科學若即若離。社會科學所隱含的養分，可以讓法學論述更完整有力，對司法運作有實際的好處。而且，法學和社會科學聯結之後，智識的成分增加，對於法學這個學科而言，當然善莫大焉。法學教育所培養出來的學子，出將入相，不只能有效操作司法體系（修好水管電器），而且，能和學術接軌，添增社會科學的智慧結晶、知識資產。

參考文獻

◎Galbraith, John Kenneth, *The Anatomy of Power, Boston :* Houghton Mifflin, 1983.

◎ Hirshleifer, Jack, “The Expanding Domain of Economics” , *The American Economic Review*, 75（6）:53-68, 1985.

◎ Landa, Janet T., *Trust, Ethnicity, and Identity*, Ann Arbor : University of Michigan Press, 1995.

◎ Lazear, Edward P. & Rosen, Sherwin, “Rank-Order Tournaments as Optimum Labor Contracts” , *Journal of Political Economy*, 89（5）:841-864, 1981.

提問 15

“犯錯憑什麼談權利？”

新聞中常可見得一種畫面：某殺人致死之罪犯，頭戴安全帽、雙手繫上手銬，在員警押送之下走出警局大門。圍觀的群眾個個怒不可遏，紛紛擠上前去，你一拳我一腳，試圖發洩正義的憤恨，最好讓嫌犯吃點苦頭。而假若員警上前阻擋，還會反遭民眾謾罵：「擋什麼擋，這種垃圾就是要打死他！」殺人當罪，而罪人可有人權？

小偷的人權——和其他

這是最近發生在中國大陸的真人真事，而且塵埃還沒有落定：兩個小偷半夜出勤，連續從兩戶人家得手之後，在第三家下手時出了狀況。男主人被翻箱倒櫃的聲響驚醒，大喊「小偷」。偷兒在前面跑，主人和其他見義勇為的好事之徒一路追趕。

偷兒快要走投無路時，剛好眼前是一個大戶人家，有圍牆有院子。小偷翻牆而過，希望能甩掉追兵。沒想到院子裡有兩隻伶牙俐嘴的大狼狗，當下猛撲而上，利牙大口一陣撕咬。小偷之一連滾帶翻，掙扎著爬上院裡的大樹。然而，因為傷口太多太深，終於失血過多而死。

消息見報之後，立刻引起兩種極端反應：支持狼犬的，認為兩隻畜牲善盡職責，應該得到褒揚，小偷活該，自取其辱和自食惡果。持相反立場的，認為小偷即使有過錯，罪不至死；縱容兩隻狼狗行兇，狗主人該負起責任。這件事在網路上引發熱烈的討論，而且意見幾乎是一面倒——九成左右的網友支持狼狗／主人，只有大約一成的人為小偷講話。

狼狗咬死小偷的事，顯然不是新生事物。透過網際搜尋，可找到近年來發生在秘魯首府利馬（Lima）的類似事件。小偷被狼犬咬死，狼犬被警方扣留。然後在民眾一片支持聲中，警方宣布將狼犬收養為警犬，並且頒發獎狀。中國大陸這兩隻狼狗運氣和際遇可沒這麼好。事發第二天，警方就認定：既然有攻擊人類至死的紀錄，狗的凶性已被激發，不再適合存活。因此立刻執行把兩隻負責盡職的狼犬活活吊死。

這件事的是非曲直，當然有很多討論的空間，中國大陸的網路上已經有數萬人表示意見。當然，中國大陸和秘魯警方的作法，清清楚楚表明了：不同的環境裡，同樣的事就是可能有南轅北轍的處置方式。

學理上來看，這件事的是是非非其實並不複雜，而且類似的例子所在多有。具體而言，對於自己的身家性命，主人當然可以用適當的方式，加以維護和防衛。門鎖鐵門鐵窗、鐵絲網圍牆等，都是常見的防盜設施。田裡隨風擺動的稻草人，是希望嚇阻盜食稻穀的飛鳥；果園周圍的捕獸機和箭弩等，是對付各式各樣的賊等等。

然而，這些防盜防賊設施，可以對入侵的人獸造成某種傷害，卻不能過當。圍牆上的鐵絲網可以通電，但不能是致人死傷的高壓電；捕獸機可夾住人獸，但是不能造成人類的傷殘。原因很簡單，即使是不請自來的小偷，偷得的也只是蔬果財產；所得利益既然有限，他們所面對的風險懲罰，就不應該是他們的肢體或生命。舉個極端的例子：小偷翻牆跳進院子時，難道可以碰上老虎或鱷魚嗎？更何況，被防盜設施所傷的，未必是小偷。英國歷史上有好些官司，都和誤傷孩童有關：孩童們在附近玩耍，不小心球滾進果園；小童進果園撿球，卻被箭弩射中喪生或終生傷殘。

假使飼養狼犬的人在圍牆上標明「內有惡犬」，小偷闖入被咬死，主人是否沒有責任？事實上，即使有告示，依然不能全部免責。原因很簡單，雖然家是一個人的城堡，外人擅入，自己要承擔風險。可是，在突發事件時，善良無辜的人（包括小孩）還是可能入內緊急避難。狼狗完全沒有繩鍊，對意外闖入者的攻擊，可能就有「防衛過當」的成分。

當然，如果養蘭花、育種等處所，為了防止小偷，以狼狗巡守防衛，情況又有差別。這時候，小偷上門是有所圖而來，面對防護機制，要自承風險；因為，這是「明知山有虎，偏向虎山行」式的、自找麻煩（coming to the nuisance）。

由此可見，咬死小偷的狼犬，聽命行事，盡忠職守，值得肯定。沒有用鍊子拴住狼犬的主人，因為過失而造成小偷喪命，是過失致死，要負一定的責任。大陸和秘魯的民情，是多數民眾認為狼狗／主人沒錯，錯在小偷；這只不過反映了這兩個地方小偷太過猖獗，很多人都吃過虧。小偷如過街老鼠，人人喊打。

各種職業都有職業傷害，若說小偷也是一種職業，在其所面對的職業傷害裡，被狼狗／老虎／鱷魚咬死，或許不應該是其中之一。相對的，狼狗／老虎／鱷魚所面對的職業傷害裡，咬死小偷而被凌遲處死，更不應該是其中之一。

虛擬的權利 權利的虛擬

西諺云「太陽底下沒有新鮮事」，這句諺語成立與否當然可以爭論不休；關鍵不在於「太陽底下」，而在於什麼是「新鮮事」。然而，無論新鮮與否，大千世界總是有源源不絕的事物，不斷的考驗萬物之靈的聰明才智。

現今年齡四十到七十歲之間的中壯年們，在青少年的青澀時期，幾乎都看過或聽過《麥田捕手》（*The Catcher in the Rye*）這本小說。在知名度和觸動心靈上，即使不能和《小王子》並駕齊驅，但是絕對相距不遠。《麥田捕手》令人著迷之處很多，最為人津津樂道的有兩點：一方面，小說男主角霍登考菲（Holden Caulfield）的際遇，有點倒楣又有點荒誕無稽，情節扣人心弦。讀者似乎只要拿起電話，就可以和霍登對話談心。另一方面，小說作者沙林傑（J. D. Salinger' 1919-）本身行事詭異。一九五一年《麥田捕手》出版後，一夕之間風行全球；沙林傑卻選擇躲避鎂光燈，在林野間離世隱居，幾乎和外界斷絕聯繫。

然而，二〇〇九年，高齡已經九十的沙林傑，透過律師控告瑞典作家寇丁（Fredrik Colting）；後者以筆名（J. D. California）出版名為《六十年後：麥田今昔》（*60 Years Later: Coming through the Rye*），繪聲繪影的描述《麥田捕手》之後的霍登。沙林傑認為寇丁侵權，因為霍登是他筆下創造出來的人物，他享有關於霍登的種種權利。

官司的是非曲直，將由美國各級法院來操心和定奪。但是，許多讀者的心裡，卻是有點複雜、矛盾和不是滋味。一方面，沙林傑的合法權益，當然應該受到保障；可是，另一方面，誰不想知道當年伴隨著自己成長的霍登，這些年來怎麼過的，近況又是如何？沙林傑自己不動筆，好事之徒藉箸代籌，未嘗不是一件美事？畢竟，能重拾自己年輕歲月的片段，總是令人神往。以官司本身而言，關鍵在於：霍登這個虛擬人物，該享有多少權益？如果「霍登續集」不行，那麼「荷登續集」呢？或者，「霍登兒子回憶錄」呢？

有趣的是，和沙林傑的官司相呼應的考驗，目前還沒有出現，但是正在地平線上慢慢現身，早晚要吸引社會大眾的目光，也早晚會成為公共政策和法庭攻防的焦點——真實人物的作為，可以或不可以虛擬到何種程度？具體而言，大眾媒體是先有文字（報紙），再有聲音（廣播），然後有影像（電視）。一幅照片，勝過千言；因此，最好有畫面呈現給讀者／觀眾。可是，有時受限於法令規定，不能照相或攝影，只好以畫作代替。美國法院裡原告被告的神情，往往被畫成素描，在媒體上出現。現在平面和電子媒體紛紛利用「示意圖」，以靜態的方式捕捉新聞事件當事人的舉措。可是，靜當然不如動，動畫技術日新月異，何不派上用場呢？

試想，如果電視新聞裡，以動畫的方式，呈現刑案／暗殺／土石流／秘密會議／行刑等等過程，不是更有吸引力嗎？然而，可不可以這麼做呢？動畫有立體感，觀眾如臨現場，身在其境，當然有賣點也有市場。可是，被動畫的人物，可不可以聲稱權利受到侵犯呢？——我綁架撕票的過程，一氣呵成，動作優雅得很；動畫呈現的卻是兇狠粗暴，直接破壞我的形象，侵犯到我當事人的權利。因此，真實人物的虛擬化，可以逼真或不逼真到哪種程度呢？

霍登所衍生出的問題，是小說人物的衍伸，是虛擬的權利；新聞事件的動畫版，是真實人生的揣摩，是權利的虛擬。這兩者算不算是太陽底下的新鮮事？問題顯然不在於「太陽底下」，而在於「新鮮事」如何界定。

重建往日情懷？

糾紛會成為法院裡的官司，通常是雙方都理直氣壯，認為對方無理取鬧。這件關於婚紗攝影的官司，也不例外。

對原告雷密斯（Todd Remis）而言，際遇確實值得同情。二〇〇三年，他和東歐美女葛麗波維卡（Milena Grzibovska）走上紅地毯。為留下美好回憶，他花費四千一百美元，請H&H攝影社負責照相和錄影；言明包括所有的過程，特別是最後的舞會。結果，儀式有六個多小時，錄影帶全長只有四小時；照片部分，最後的舞會和拋花束，卻意外地不見蹤影。雷密斯認為權益受損，要求賠償不果，向紐約地方法院提告；法官初步了解後，雖然語多保留，還是同意官司進入法定程序。

法官所以保留，而且多次引用經典名片《往日情懷》裡的樂曲和對話，確是事出有因——原告要求，H&H攝影社退回四千一百美元，並且賠償四萬八千美元，好重建場景和流程，再完整地錄影一次。這個構想雖然出人意表，並不是天方夜譚。然而在操作上卻有實際困難。困難之一，是新人早已成為怨偶；兩人不但已仳離，新娘已經離開美國、回到東歐拉脫維亞（Latvia）。

被告H&H公司，不但振振有詞，而且滿腹委曲。負責人承認，最後過程沒錄成是缺失，也願意彌補。可是，對方提出的要求根本無從實現；當初收費只有四千一百元，到目前為止已經花了近五萬元的訴訟費用。小本經營的照相館、幾十年來為街坊鄰居捕捉無數記憶，很可能就此被拖垮、無以為繼。

原告很認真，表示將爭訟到底；漫長的官司，將耗掉雙方可貴的金錢和心力。大千世界裡，確實有層出不窮的新鮮事。那麼，這件官司的曲折，到底該如何臧否置喙呢？最明顯的，是原告的權益。他要求的補償方式，雖然奇特、不可行、甚至成為笑柄，也不太容易被法官接受。然而，錄影失誤是事實，他的權益受損也是事實；照相館不接受他要求的補償，他只有訴諸司法這個最後的手段。其次，是過失的賠償和補救措施。

照相館提供服務，賺的是微薄利潤。一旦有過失，當然要負起責任。就像洗衣店，送洗衣物偶爾受損，幾乎不可避免。因此，根據行規，以洗衣價格的某個倍數（通常是十倍）賠償，而不是衣服的原價，更不會是衣主所宣稱的「特殊紀念價值」。原因無他，利潤有限，不值得負荷太多的責任。而且，根據行規賠償，可以讓送洗作業快速進行；長遠來看，對眾多的僱傭雙方，都有好處。

照相館的情形，和洗衣店有一點微妙的區別：照相錄影所處理的情境，通常是人生的特殊時刻，一閃即逝；因此，照相服務本身，也就隱含著特殊價值。一旦有疏失，「倍數賠償」的作法，不容易撫平受害者的情懷。

然而，相對地，如為微薄的利潤，要承擔可能的漫天要價、或其他「現場重建」等難以負荷的責任。那麼，照相館只有兩種選擇：或者買保險，把保費轉嫁到消費者身上；或者，保費過高，轉嫁不易，就乾脆閉門了事，離開這個市場。無論如何，對僱傭雙方都不好。因此，比較可能的結果，是經過漫長昂貴的官司，原告勝訴，但不是全部，照相館要賠償某個金額，但毋須承擔重現「往日情懷」的責任。

還好，即使夫妻已經離異，即使佳人已經不在，「重建婚禮」在觀念上還是可行。如果當初佳人在婚禮上分娩，「重建現場」事實上不可能，原告還會提出類似的要求嗎？

當事人希望重辦、重新捕捉原先的美好時刻，但事實上不可能（physically impossible）。照相或繪圖，或許可以接近原物。因此，「重作」這種特定履約（specific performance），只能適用有限的範圍。

其次，在類似的情形下，通常善後的方式，就是以金錢補償。金錢是一種媒介，是解決問題的次佳方案。但是，由此也可見，金錢容易轉換成彌補其他的價值，本身有可取之處。在涉及人命的情境裡，人命無從「重生」，只好用金錢來彌補。因此，生命有價無價是一個假議題，真實的情況是：人命很珍貴，有時候不得不以金錢來衡量人命。

權利的引申

前面三個案例，都和權利有關。雖然案情不同，又涉及不同的領域、不同的社會；但是，可以歸納出一個共同的主題：專業倫理。

首先，「盜亦有道」，正反映了在傳統社會裡，也是行有行規、家有家法。各個行業發展出自己的遊戲規則，利人利己。遊戲規則，就隱含對權利的界定。在狼狗咬死小偷的案例裡，可以作不同的引申聯想。最明顯的一點，是狼狗盡到護土守家的責任，即使有額外考量（凶性被引發，不利飼養。此為未定的揣測），最多以安樂死的方式善後；把盡責的狼狗吊死，實在說不過去。

其次，文學創作，當然也是一個專業。這個專業的倫理之一，是不能剽竊他人作品，不能搭便車揩油。因此，保障作品和作家的權利，事實上是提醒其他人：要怎麼收穫，先那樣栽。當然，專利權消失後（通常是作家過世五十年），作品已經成為公共領域的資產，作法可以不同。事實上，關於神探福爾摩斯，就有不少「續集」——在某個老舊閣樓上，發現世代相傳的未刊稿。

婚紗攝影的專業，必然要面對無從避免、偶爾出現的失誤。當初簽約時，最好有「保險」的安排；對於僱傭雙方，都是較好的作法。關於善後的賠償，也必然是有限責任。在現代社會裡，這幾乎是任何專業遊戲規則的一部分。

透過三個案例，可以由「專業倫理」（行規）的角度，對權利的衍生物有生動深刻的體會。專業倫理能夠形成和流傳，必然是對業內業外（買賣雙方）都是有利的。而且，由三個案例裡也可以清楚看出「天賦人權」的論點沒有說服力。在真實世界裡，自古到今，無論中外，都是「人賦人權」，而且是「人賦狗權」。

參考文獻

◎Elster, Jon, Local Justice :*How Institutions Allocate Scare Goods and Necessary Burdens*, New York :The Russell Sage Foundation, 1992.
◎ McChesney, Fred S., *Money for Nothing :Politicians, Rent Extraction, and Political Extortion*, Cambridge, MA :Harvard University Press, 1997.
◎Demsetz, Harold, "The Problem of Social Cost:What Problem ? A Critique of the Reasoning of A. C. Pigou and R. H. Coase" , *Review of Law & Economics*, 7（1）:1-13, 2011.
◎Williamson, Oliver, *Markets and Hierarchies*, Detroit :Free Press, 1983.

IV

第四篇

悠遊於法學財富中

「工欲善其事，必先利其器」。同樣的道理，要學好法律，最好先掌握學習的態度、方向、和技巧。這一篇就是針對「學好法律」娓娓道來，且更進一步闡明如何體會法學的智慧結晶，與如何悠遊於法學的財富之中。

提問 16

“幹嘛理路人？——現代社會新人際”

一九四〇年出生於中國大陸湖南省的雷鋒，於五〇、六〇年代，一直被中國大陸共產黨塑造成黨員革命象徵與模範。此因雷鋒以勤奮工作、刻苦學習、熱忱助人的精神著稱，以「把有限的生命投入到無限的為人民服務的事業中去」砥礪自己，更曾因救火災、抗洪搶險，多次立功受獎。毛澤東甚至於一九六三年親筆題詞「向雷鋒同志學習」。雷鋒之名，在中國大陸幾乎已等同「好人好事」。而這種「我為人人，人人為我」的方式，是否適用於現代（資本主義）社會？

16-1　中國大陸地理條件

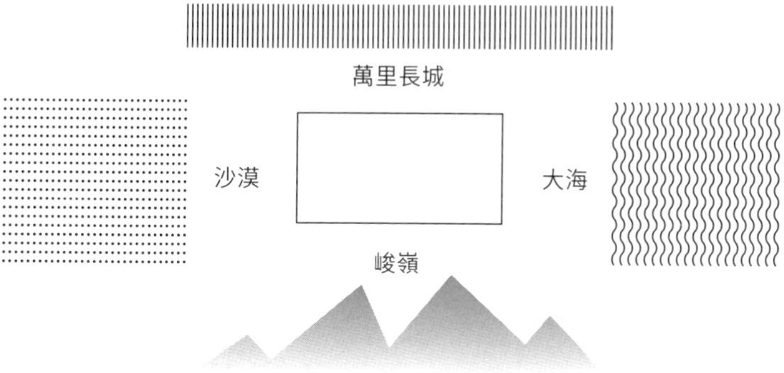

單一權威的起源

地理結構上，中國大陸是一個面積遼闊、平坦完整的區塊，是自給自足的一大片土地。南方的寮越高棉等有丘陵峽谷高原等相隔，歷史上從來沒有北侵困擾。左邊有沙漠阻絕，形成天然的屏障；零星的商旅僧人，可能往返跋涉，但是大規模的軍事行動，卻鞭長莫及。右邊是大海，船堅砲利之前，不成問題。剩下的，只有北方來的強敵。因此，只要能擋得住北方的威脅，中原大地自成體系，唯我獨尊。萬里長城修建在北方，是明顯的例證。這個完整而相對封閉的地理區塊面積很可觀，經過千百年的發展之後，累積了億萬人口。和相鄰的高麗、泰國、越南等相比，規模上相差很多。

在這種特殊的地理條件下，只要交通工具（舟船車馬）進步到一定的水準，這個完整的地理區塊，便容易形成單一帝國，大一統的思維也應運而生。歷代朝廷無不自視為「中土」，皇上自居為「天子」。

這種地理上的特徵，有兩點明顯的意義：第一，因為自然條件使然，形成單一權威（single authority），形成中央集權，也形成大一統的思想。第二，基於對朝代更迭的忌憚和對權力獨享的考量，中央政權有意識的排斥地方勢力；地方自治和公民社會，是華人文化裡不存在的概念，因為並沒有孕育滋長的條件。

於內沒有制衡的條件，於外也沒有競爭的壓力——鄰近諸國規模太小。在這些條件下，歷代王朝的興頹似乎成了一種宿命式的循環：朝政腐敗，民眾揭竿而起（或外敵入侵），結果改朝換代；開國之初，吏治清明，銳意革新；傳宗接代之後，官僚體系和朝政逐漸腐化，民生凋敝，革命或外患又起，等等。因此，單一權威、行政權（皇權）獨攬大權、缺乏獨立的司法、沒有競爭制衡的力量、大一統思維等等，可以說環環相扣，彼此支持、同時成立。

要治理和維持一個龐大的帝國，當然需要官僚體系。官僚的來源，也就是選擇權的條件，可以粗略的分為兩大類：作事的才華，包括打仗、經商、管理莊園等等；讀書的才華，考試取才。透過考試篩選人才，得到的是吟詩作對、學富五車的官員；但是，同時也是手無縛雞之力、不識菽麥的書生。秀才造反，能力有限。因此，用讀書人來操作行政體系，是風險低而效果差強人意的作法。傳統社會士農工商的排序，也呼應秀才為官的邏輯——商人，是社會中累積資源最快的一群人；資源多了，就可以養士募兵，對皇權帶來潛在威脅。貶抑商人，可以降低風險，有助於維繫政權。

至於單一權威的傳統特質，到了二十一世紀初的現代社會，是否有變化的契機？現代社會至少有兩點明顯的不同：第一，中國大陸已經是世界第二大經濟體，在國際社會中，已經是兩（三）大超級強權之一。不僅是國際社會的參與者，而且已經是制定和維持遊戲規則的要角之一。既然是國際社會的主要成員，所以必須面對國際社會其他成員。和過去相比，不再是唯我獨尊、萬邦來朝，而是國際社會主要的參與者和競爭者。其他國家的制度和舉措，都是意味著潛在的對照和壓力。

另一方面，現代社會裡，許多活動已經跨越地理上的籓籬；國家和主權的概念，也迥異於往昔。譬如，網際網路的資訊交換、商業活動，早已漸漸形成「地球村」。網路跨境交易的規模，快速成長。對華人文化而言，這是另外一種考驗；不能再劃地自限，自足於天地之間。

儒家文化為何適用？

幾千年的華人文化，經過早期的摸索之後，走上儒家文化的軌跡，從此一以貫之、路徑相依；為什麼？

對於這個問題，簡單的答案，是和其他幾種主要思想比較。稍稍琢磨，答案自然浮現：法家，不容易成為主流，有兩個明顯的理由。第一，地理幅員人口如此遼闊的帝國，操作一套嚴謹明確的法律，並不容易。第二，真的就法論法，皇室與庶民一致，不能持久，因為不符合統治者的利益。道家，強調順其自然，返璞歸真。可是，帝國的治理、特權的維護，都要靠源源不斷的稅收；無為而治是自找麻煩，搬石頭砸自己的腳。墨家，強調非攻兼愛，愛人如己。這種遊戲規則，在小範圍裡也許行得通；對治理一個帝國而言，操作性不高，因為太不實際——由此也可知，千百年來都不是主流的「雷鋒精神」，可能也不會在社會主義天堂裡成為主流。

道家、法家、和墨家，都各有明顯的弱點；相形之下，儒家以「仁」和「禮」為核心的思維，剛好有比較優勢。追根究柢，「仁」和「禮」就是人際相處的遊戲規則。強調推己及人、己所不欲勿施於人、民吾同胞物吾與也、格物致知、修身治國平天下，等等。這些道德上的戒律，合於人情世故，說服力強；而且，雖然性質上是觀念，也可以具體成為規定或戒律——落實為政府措施，就是公共政策；落實為行為規範，就是法令規章。在運用和解釋上，很有彈性；可以因地制宜，適合幅員遼闊、人口眾多的中華大地。

對龐大的帝國而言，有了操作行政體系的官僚（讀書人），還需要一套行政治理的準則（遊戲規則）。經過嘗試錯誤，罷黜百家，獨尊儒術；儒家思想成為主流和正統，其實完全合情合理。儒家的核心思想，是一套人際相處、強調倫常的道德準則。既然是道德準則，解釋起來就有相當的彈性。由中央到地方，可以依恃這套「解釋操之在我」的準則運作。因此，單一權威、考試取才、儒家思想，彼此環環相扣、互相支持配合。由此而形成的文化傳統，源源不絕、一脈相承。當然，歷代庶民大眾，既享受了這種文化傳統的優點，不可避免的也同時承擔這種傳統所隱含的缺失。

因此，儒家成為中華文化的正統和主流，是經過嘗試錯誤，慢慢雕塑而成；環境條件使然，一旦走上這個軌跡，就是路經相依、長此以往。想起來似乎是偶然，其實幾乎是必然。無論如何，儒家成為華人文化的主流，毋庸置疑。即使是二十一世紀，還有少數儒家的捍衛者，揮舞著「新儒家」的旗幟，希望回到美好的舊時光。可是，以儒家為脊樑的傳統華人社會，有幾點特質卻很少受到關注。一方面，傳統華人社會的政治結構，行政和司法合而為一；縣老爺既是父母官，又是青天大人。司法並沒有獨立運作的空間，而律令的解釋又有相當的彈性。另一方面，幾千年來，華人社會一直以農業為主；安土重遷，人口的流動性很低。在這兩種條件直接間接影響之下，華人的老祖宗們，就慢慢發展出自求多福的生存機制：家庭裡靠倫常（孝道），家庭外靠關係（門道），也就是形成「倫常——關係」

的雙元軸線（filial piety-guanxi nexus）。

換種描述方式：倫常，是家庭內的關係；關係，是家庭外的倫常。藉著雕塑和經營「倫常——關係」，進可以興利，退可以除弊。倫常（孝道），和關係（交情），表面上看起來是道德教化，其實不折不扣是工具性的安排（tool-like arrangement），具有功能性的內涵。而且，關係所意謂的人際網絡，相當程度上是司法的替代品。正常管道走不通，只好靠關係作為潤滑劑；官府王法不足恃，只好靠其他的方式安身立命。

五倫和第六倫

因緣際會，在華人社會的四個主要地區裡（中國大陸、香港、澳門、台灣），我都曾教過書。一方面是教學和研究上職業性的關注，一方面是智識上的好奇使然，我常在腦海裡比較這四個社會的大小點滴。日積月累，多有所得；有些觀察甚至發展為學術研究，成為論文，參與學術對話。

我曾發現一個有趣的事實：在台灣、香港、澳門，街上很少看到兩車擦撞；然而在中國大陸，無論是在濟南、上海、南京、武漢、杭州等城市，擦撞的現象所在多有，幾乎無日無之。為了檢驗我的觀察是否平實可靠，我也曾問過兩岸四地的學生；答案確實呼應觀察。可是，為什麼？為什麼在中國大陸的都會區裡，兩車擦撞的比例特別高？難道，這種現象會一直持續下去？

傳統文化裡，無論儒道墨法，都非常重視倫常。五倫，可以說是倫常關係的結晶。在君臣、父子、夫婦、兄弟、朋友之間，有一套眾所尊崇的行為準則，稱為「五倫」。用白話文來表示，就是界定彼此相處互動時的遊戲規則。五倫似乎你知我知，自古已然，卑之無甚高論；其實，不然。五倫的特色，值得稍作說明。首先，基本上，五倫是以男性為軸線，界定人際關係；女性的種種關係，是平行線般呼應的潛規則。其次，五倫關係都隱含尊卑長幼，包括朋友。不認識的人相識，立刻會循年紀輩分，分出兄弟。梁山泊一百零八條好漢，沒有血緣，也分出兄長弟幼。分出長幼尊卑的主要好處，是彼此相處有規則可循，降低互動的成本。

16-2 五倫和第六倫

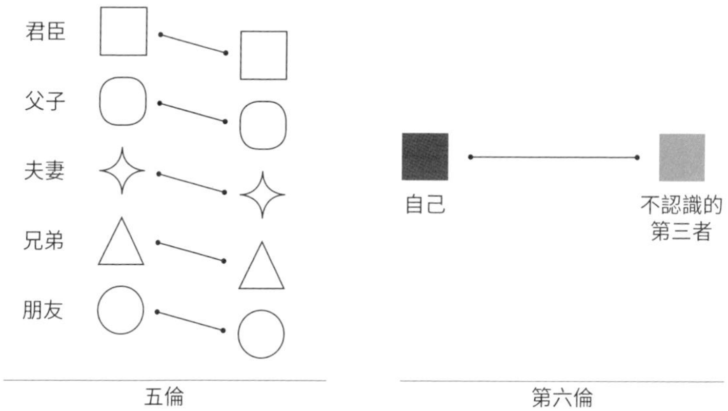

一九八〇年前後，曾任經濟部及財政部部長的政治兼經濟學家李國鼎指出「五倫」的缺失，發人深省；對於華人文化而言，有振聾起聵的作用。然而暮鼓晨鐘，並沒有激起太多的漣漪或回響。李氏認為：傳統社會裡，流動性小，人際之間的相處，確實可以透過五倫而有效運作。一個人的生活裡，就是由五倫延伸出去的人際網絡；彼此揖讓進退，各有所據。然而現代社會裡，特別是在都會區裡，一個人接觸互動的，主要都是「不認識的第三者」：超市裡的售貨員、高速公路上相鄰車道的駕駛、同一電梯裡短暫相處共乘的人等等。這些人都不在傳統五倫的網絡上，五倫無從發揮功能。因此，現代社會需要「第六倫」——群己關係。也就是一個人和陌生人、不知名的第三者之間，彼此相處互動的遊戲規則。而且這些關係，都是彼此平等，沒有尊卑從屬的。第六倫的前提和五倫大不相同。五倫關係，都是彼此相識的人情關係（personal relations）；群己關係，是彼此不認識的非人情關係（impersonal relations）。

現代社會的組成，主要是基於非人情關係。第六倫既指出傳統文化的盲點，又揭櫫建設現代社會的關鍵（之一）。用一針見血、鞭辟入裡來形容，是一針見血。由第六倫來解讀擦撞的現象，一目瞭然。因為改革開放、經濟快速發展，大陸的都會區逐漸形成；人際之間的互動，陌生人之間的相處，遊戲規則還付諸闕如。因此，如果在農村鄉鎮裡，駕駛人彼此相識，彼此謙讓，發生擦撞機率甚低。都會區裡，沒有五倫可以依恃，又沒有第六倫，彼此互不相讓，自然容易有衝突摩擦。擦撞只是例子之一，超市地鐵裡，彼此大聲對罵的情形，也所在多有。背後的原因同出一轍。平等相處的遊戲規則，還沒有形成和凝固結晶。

華人社會該如何鼓勵或培養第六倫？傳統社會裡，農村鄉鎮是「地理上」的社區；現代都會區裡，以專業愛好形成的，是「功能上」的社區。基於共同的愛好或專業而形成，彼此沒有從屬尊卑的關係；但是，要一起處理一些共同事務，要發展出平等基礎上共事合作的習慣和能力，在不知不覺之間，第六倫便悄然孕育而生。因此，華人社會裡，值得鼓勵和推動各種民間組織（包括公園裡的早覺會、廣場舞等等）；和傳統社會相比，他們正是組成現代社會的血肉肌理，也是穩定社會的避震器。

更上層樓

中華文化有幾千年的傳承，博大精深。然而，由單一權威和五倫／第六倫這兩個角度，都可以提綱契領，捕捉傳統文化的特質。由這兩個角度，也可以琢磨和法律（法學）的微妙關聯。

單一權威的特色，就是行政權獨大；司法體系不自主，主要功能是維持社會穩定，支持皇權。這個文化傳統，在二十一世紀初，依然清晰可辨。由中國大陸的判決書裡，以小見大，可以得到重要啟示。

具體而言，法院的（刑事）判決書中，被告的辯解、證據、證人等等，只佔了很小的一部分，大概百分之五左右的篇幅。主要的部份，是檢察官起訴的罪名、犯罪事實等等。而且，有關被告的種種，都是由法官總結陳述，而不是原汁原味、被告／證人本身的說辭。這種控辯雙方比重的不平衡，有幾點明顯的涵義。最簡單直接的：判決書過濾掉許多生動鮮活的資訊，對於司法體系和法學教育而言，都是很可惜的。其次，揚檢抑辯的作法，意味著法院似乎和檢察院是聯手打「雙打」；對罪犯採取一致的立場，彼此合作無間。而共同的功能，就在於維持社會／政權的穩定。

然而，在現代法治社會，強調專業倫理；各個部門，各司其職。法院的最重要功能，是維持公平的審判，讓證據說話。打擊犯罪的功能，主要是由檢察體系和警察（公安）體系承擔。法院的定位，值得更為超然，以捍衛憲政體制為核心價值。

由第六倫觀察華人社會，特別是現代化的過程，有諸多啟示。傳統華人社會，以五倫為遊戲規則；互動的雙方，彼此有高下尊卑從屬的相對關係。現代社會，第六倫的重要性愈來愈明顯；互動的雙方，彼此是平等的、一對一的契約性關係。

第六倫的形式和內涵，當然需要時間的孕育和雕塑，很明顯的，經濟和商業活動，是發展第六倫重要的空間。因此，法治現代化的過程，由經濟和商業活動中可以汲取很多的養分。另一方面，五倫和民主的觀念也格格不入——民主的基本精神，就是一人一票，票票等值。民主的支持，必然將來自於第六倫，而不是傳統文化的五倫。由五倫到第六倫，由傳統政治制度到普世價值的民主，都將是漫漫長路。

法律不只是條文，和社會、文化、歷史都息息相關。因此，除了德日英美等法系之外，值得回頭省思，華人文化的特質；由歷史和傳統中，體會社會的脈動、以及法律／法學所面對的挑戰。單一權威和五倫／第六倫，無疑是瞎子摸象式的揣度。然而，在方法論上，完全符合「先了解社會，再了解法律」的宗旨。忘卻過去，等於是背叛了未來。

參考文獻

◎ Hsiung, Bingyuan, “Guanxi :Personal Connections in Chinese Society”, *Journal of Bioeconomics*, 15（15）:17-40, 2013.

◎ Kuran, Timur, “The Economic Ascent of the Middle East's Religious Minorities :The Role of Islamic Legal Pluralism”, *Journal of Legal Studies*, 33 :475-515, 2004.

◎ Przeworski, Adam & Fernando, Limongi, “Political Regimens and Economic Growth”, *Journal of Economic Perspectives*, 7（3）: 51-69, 1993.

◎ Putnam, Robert, *Making Democracy Work*, Princeton : Princeton University Press, 1994.

提問 17

“為自己好，還是為他人好？”

一艘載運著珍奇香料的小型貨船航行在南太平洋上。白天還萬里無雲、風平浪靜，大家高高興興地討論著這批香料出手之後，各自可以分得多少錢。沒想到一到夜晚不但突然下起雨來，還愈演愈烈，狂風暴雨讓整艘貨船在大海上猶如一片殘葉，桅杆摧折，甲板破裂，眾人一片忙亂。眼見貨船出現沉沒之虞，船長開始猶豫，再不減輕重量，只怕船與貨與人都不保……

羅爾斯（John Rawls）一九七一年的《正義論》（*Theory of Justice*）非常有名，利用「無知之幕」（the veil of ignorance）的思維方式，探討一些根本的公共政策議題。處在原始狀態（original position）的人們，不知道當幕掀起之後，自己的聰明才智財產社會地位將是如何。因此，在選擇建構社會的基本原則時，眾人會基於正義而歸納出兩大原則：第一，每位民眾享有最大程度的基本自由；第二，容忍社會和經濟的不平等，只要能造福社會中最不幸的分子（the least advantaged）。在精神上，眾人合意，因此是「社會契約論」（social contract theory）的傳統。

「無知之幕」為大家所熟知，可是雖然一般學者都把「無知之幕」和羅爾斯劃上等號，實際上何尚義（John Harsanyi）在一九五三年就已經明確提出無知之幕的概念。而且，何尚義明確的指出：處在無知之幕背後的代表性個人（the representative individual），等於是在追求各種可能身分所對應的福祉。

布坎楠：未來有不確定性

布坎楠（James Buchanan）所運用的「不確定性之幕」（the veil of uncertainty）概念，最早是具諸於他和圖洛克（Gordon Tullock）所合著的經典之作（1962）。而後，他多次運用這個概念，作為分析問題的思維模式。這裡列舉一個事例：間接稅；推論的過程如下。

因為間接稅會被轉嫁，所以效率比不上直接稅；而且，間接稅通常是對奢侈品課稅，有懲罰性的意味。因此，傳統的財政理論都支持直接稅，而反對間接稅。可是，布坎楠認為，在簽訂社會的基本規章時，「代表性的個人」面臨的是不確定性之幕。他不知道，自己未來的身份地位財產所得是如何；為求自保，他願意採取一些保險性的措施：如果是間接稅，當自己所得高財富多時，有能力消費奢侈品，也就可以多繳稅；當自己所得低財富少時，因為比較不會去消費奢侈品，所以少繳稅。因此，間接稅能增加個人的福祉，而不見得是一種懲罰性的稅負。

顧名思義，布坎楠的「不確定性之幕」是指在面對未來時，一個人不知道將來自己的身分地位等特質會是如何。既然未來存有不確定性，對於「風險趨避」（risk averse）的人來說，就會在目前這個時點作選擇時，未雨綢繆的預為之計。通常，採取預防性措施就是一種「保險」（insurance）。因此，布坎楠的思維模式會有兩個特點：一是不確定性之幕，一是由不確定性所引發的「保險」。

布坎楠的思維模式有幾點重要的含義：首先，因為未來存在著不確定性，自己將來可能落入不同的處境；為求自保，個人所作的安排，會使自己將來不論落入那一種情況，都還差強人意。因此，因為自己也可能成為「他人」，面對「他人」所面對的情境；個人基於自利所做的安排，和個人為他人著想所作的安排，在外觀上來看是一樣的（observationally equivalent）。其次，既然對每個人而言，未來都多多少少含有不確定性；所以，長遠來看，不同個人彼此之間的利益，並不一定有明顯直接的衝突。這種思維模式和論述，比較容易在公共政策的論對上引起共鳴，也就是比較有說服力。

最後，因為未來所隱含的不確定性，所以直接對未來的「結果」（outcome）論述可能無關宏旨；相形之下，把焦點轉移到「規則」（rules）或「過程」（process）上，可能更有意義。對規則和過程的討論，可以進一步淡化彼此可能有的利益衝突，也就更容易找到交集和彼此都能接受的「共識」（consensus）。

科斯：零交易成本

在一九六〇年的論文裡，科斯所處理的問題，主要是關於人際之間的權益直接發生重疊或衝突。科斯提出智識上非常有趣的概念「零交易成本」，以及由這個概念所界定的「科斯定理」：當交易成本為零時，無論財產權如何界定，資源的運用都會是有效率的。可是「零交易成本」這個概念很難掌握，因此在文獻裡出現了「單一主人」（single owner）這個思維方式，最早的文獻是 Baxter & Altree（1972）。

「單一主人」的思維方式，可以藉一個事例來反映。在〈海事法〉裡，有「緊急處置」的原則：貨船在海上遇到暴風時，可能有翻船之虞。為了拯救整艘船和船上的人員，船長可以採取斷然的處置。依他的判斷，把最重的船貨依序拋棄，以減輕船的負荷。然後，等到風平浪靜、船隻安全入港之後，再處理善後。根據保留下來的船貨，依價值比例分攤損失，以彌補被扔下海的船貨。因此，船長所採取的緊急處置，就如同他自己是貨船的主人，而且擁有所有的船貨。

運用「單一主人／財富極大」的思維模式，隱含「效率」的指標有某種客觀的尺度，能為社會大眾所接受。在貨船的例子裡，大家都接受要先拋棄貨物而不是船員或乘客——即使某些貨品可能是價值連城或不可彌補替代的珍寶。

此外，在科斯的論文裡，上下游的工廠、火車和農作物、牧場和市場等等，都是類似的例子。科斯的思維模式分成兩個步驟：第一步，先放棄當事人各自的立場（以及所具有的利益），而站在一個較高的層次；以包括所有當事人在內的角度，評估整體或總合的利益。「單一主人」的思維模式，就具有這種功能。而且，一旦根據這種思維模式得到結論之後，還要檢驗這種結論在長期來看是否也會成立。如果不成立，就進入第二步。第二步，同時考慮「整體」和「長期」這兩個因素，找出能在長期使社會產值最大的處理方式。這時候，就可以以「財富極大」這個概念，作為評估的指標。因此，科斯的思維模式，可以以

「單一主人／財富極大」（single owner/wealth maximization）為代表。這種思維模式所處理的問題有兩點特色：一是彼此權益發生明顯的衝突，一是長期的誘因問題。

抽象來看，這種思維模式有幾點重要的涵義：首先，不論是「單一主人」或「財富極大」，科斯的思維模式都是著眼於「效率」；以「效率」作為評估運用資源的指標，也就是作為處理權益衝突的依據。這和傳統法學分析以「公平正義」來處理權益衝突，顯然有相當大的差別。其次，既然是強調效率，所以相形之下就不考慮「分配」的問題。在前面緊急避難的事例裡，「單一主人」的重點其實只是在前半段：船長可以假設自己是船和貨的主人，根據他的判斷作適當的處置。至於貨船平安入港之後如何分攤損失，從「單一主人」的思維方式裡，其實不一定能直接得到明確的答案；因為這已經是在另外一個時點上。

當人際之間的權益發生衝突時，如果涉及的權益全部由一人所擁有，和彼此權益衝突的兩人結婚，這時候就可以由「單一主人」的角度考量如何處理權益最好。單一主人的技巧，和「假設性思想」（hypothetical thinking）息息相關；因為單一主人是一種設想的情境，在腦海裡而不是在真實世界裡存在。

單一主人最能發揮作用的情境，是利益整合之後，運用資源的好壞高下，有明顯的方向。譬如，同時擁有上下游工廠，磚廠附近的居民就是磚廠擁有者等等。然而，如果權益聚合之後沒有清晰的方向，單一主人的技巧可能幫助有限，譬如，南北韓整合之後，也許可以像東西德整合一樣，有明確發展方向。印度和巴基斯坦權益經常衝突，（假設）兩者整合之後如何較好，可能並不明確。

有效率地追求個人福祉

科斯和布坎楠的思維方式，有幾個共同點：第一、都強調要掙脫只考慮狹隘個人利益的思維；科斯是以「單一主人」來考慮雙方或多方的利益，而布坎楠則是考慮自己未來長遠的利益。第二、一旦掙脫個人眼前狹隘的利益考量，代表性個人所追求的和由社會整體角度所追求的、變成無法區分；在這種情形下，利己的考慮就等於利他的考量。第三、科斯「單一主人」的想法，等於是涵蓋多方（也就是多種身分）的利益；而布坎楠「不確定性之幕」的思維，實質上也是在涵蓋未來各種身分的利益。因此，兩人思維方式都是在處理多方（多種身分）的利益，差別只在於科斯是針對「現在」，而布坎楠是針對「未來」。

科斯和布坎楠的思維模式，可以藉下面的〈圖17-1〉很簡潔清楚的呈現出來。在時間的脈流中，有t、t+1等許多回合；其中，t是當期（current period）。在每一回合裡，一個人可能具有許多可能身分中的一種。假設在當期，代表性的個人是具有第i種身分。科斯「單一主人／財富極大」的思維模式，就是要先考慮第i種身分的利益以及其他身分所對應利益的總和，然後求極大。可是，如果追求單回合裡的利益極大會產生跨回合的誘因問題，就要以財富極大的角度考慮長期的問題。而布坎楠的思維方式，是在當期、第i種身分下，思考自己在未來回合（譬如，第t+2回合）裡的利益。因為「不確定性之幕」的屏障，代表性的個人會求各種身分對應利益總和的極大。如前所述，在觀念上看，科斯和布坎楠思維模式的本質其實是一樣的。

在具體的層次上看，布坎楠和科斯思維方式所處理的是不同的問題：布坎楠探討的是在面對「未來」的不確定時，個人如何自保；科斯所探究的卻是當人際間權益「已經」發生

17-1 科斯和布坎楠的思維模式

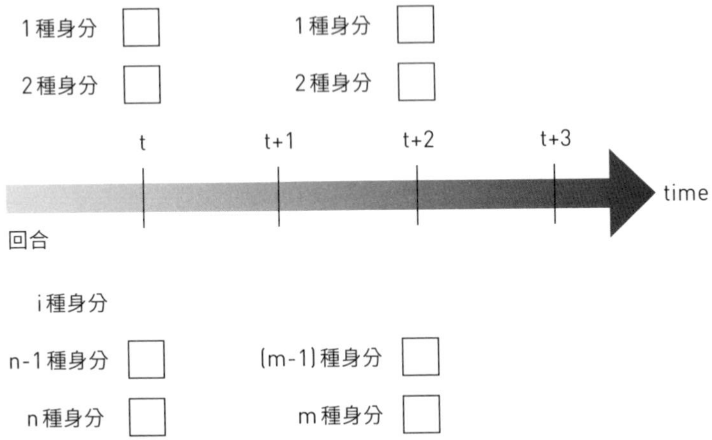

衝突時，如何追求效率。一個是關於「事前」（ex ante），一個是關於「事後」（ex post）。而且，布坎楠的著眼點，是在面對未來的不確定時，「個人」如何追求最大的福祉；可是，科斯的著眼點，是從社會整體的角度、如何產值極大。因此，布坎楠是考慮（代表性）「個人」的問題，而科斯則是考慮「社會整體」的問題。可是，在抽象的層次上來看，兩種思維方式卻有很多相通之處；兩種思維方式的本質，其實是一樣的。

這裡的分析，也觸及了「習慣法是否有效率」的這個問題。在「貨船避難」的事例裡，除了效率的考慮之外，還有公平性（重分配）的成分。關鍵所在，就是後者有適當的條件，可以處理公平性（也就是重分配）的考慮。因此，習慣法的特質似乎是：如果不能處理效率之外的考慮，就只處理效率的問題；如果能處理效率之外的考慮，就處理效率之外的問題。至於在較高的層次上看，「同時處理效率和其他因素」是否是符合效率，顯然是另外一個問題。

尋找利己與利他的平衡

由何尚義、布坎楠到科斯這三位諾貝爾獎得主的理論發展，可以說是一趟智識之旅。何尚義嘗試建構一個函數，能綜合社會整體的福祉——社會福利函數（social welfare function）。布坎楠則是希望由個人為出發點，探討政治過程的典章制度；科斯的著眼點，是資源配置的問題，但是不經意間，卻開啟了經濟學和法學對話的大門。科斯定理是智識之旅的結晶，也是累積而成的果實。

關於「零交易成本的世界」，「單一主人」是一種巧妙的闡釋。另外兩種方式，也可以由不同角度捕捉「零交易成本」的內涵。首先，是「資訊完整」（perfect information）的著眼點：如果資訊是完整的，毋需溝通搜尋，就能掌握所有相關的訊息；交易成本為零，是很特殊的一種情境。其次，依時間劃分，交易可以分成「交易前、交易當時、和交易後」；各個環節上，都要耗費人力物力。如果三個環節濃縮為一點，交易瞬間完成，就不會有事後履約（踐約，enforcement）的問題。既然不需要處理履約的問題，也就不需要有「物權」和「債權」的區分。因此，由科斯定理，可以聯結到民法物債兩分的結構。科斯定理在法學上的意義，似乎還有很大的探討空間。

此外，無知之幕和科斯定理這兩者，也值得揣摩理論上的意義，特別是和法學的關聯。就政治哲學而言，「社會契約論」啟發人心，而羅爾斯的無知之幕是理論上的新見。走出「叢林社會」簽訂契約，是霍布斯（Thomas Hobbes）的契約論；相形之下，羅爾斯以無知之幕論述，智識和深度都更上層樓。然而，原始狀態和無知之幕，都是腦海裡的想像，和現實社會的生活經驗之間，有一段不小的距離。而且，推導出的正義原則——讓社會中最不幸的人（群體），得到最多的照拂——想當然爾的成分濃厚，呼應真實社會的元素有限。整個推論過程，都是以「信念」（belief）為手段，是應然式、規範式的論述。

相形之下，布坎楠的「未來不確定性」，卻直接呼應日常生活的經驗；而且，由自利心為論證邏輯的驅動力（driving force），說服力自然較高。科斯定理的前提——零交易成本——觀念上也非常抽象、脫離現實。然而，「單一主人」的概念，卻發揮了點石成金的效果：一方面能連結到真實世界裡的現象，譬如兩人結婚、船長緊急處置、公司重整人事等等；另一方面，又能在邏輯上連結到「零交易成本」——單一主人，自己和自己說話，沒有互動交換訊息的成本。因此，概念固然抽象，相關的論述卻是以現實為基礎；這是不折不扣的實證式論述，不以信念為媒介。

布坎楠的「未來的不確定性」，使得人們基於自利和利他的考慮看起來似乎一致。自利和利他的考量，首先在於未來有不確定性——自己可能富甲一方，也可能貧無立錐。因此，在設計制度時，會同時考量未來的各種情況；情況最好的人多付出，最不好得到最多的照拂。看起來，利己的考量和利他的考量，得到一致的結果。

然而，關鍵所在是不確定性；一旦不確定減弱或消失，自利和利他的考量就容易有明確的區隔。對案件的處理，也是如此。自己將來可能是原告、也可能是被告，因此法律最後公正處理，著眼於長期的利益。然而，一旦自己明確的成為原告（和被告），當然利益有明顯的歸屬，利他的考量淡化。

此外，在無知之幕的背後，如果人是極端的趨避風險，會最在乎將來落入眾多可能身分中，「最不幸」的那種身份。為求自保，就會在無知之幕背後選擇：使社會中最不幸的人，得到最多的照拂。因此，羅爾斯的理論，可以說是結合了「無知之幕」和「極端風險趨避」這兩個因素。在一般的情形下，人並不是極端的趨避風險；因此，羅爾斯的理論缺乏實証的基礎，說服力並不特別強。

就法學而言，如果理論能立基於現實，為什麼要遷就於抽象的信念。兩種基礎之間，有如花崗岩和流沙之比。

羅爾斯的《正義論》和波斯納的《正義的經濟分析》（*Economics of Justice*），兩者的差別也許剛好作為本篇的結語。

波氏的鉅著，由原始社會為出發點，描述正義的發軔；立論的基礎，就是原始社會真實的生活。貫穿其間的，是清楚直接的成本效益分析。相形之下，羅氏的名著，以「原始狀態」為出發點，描繪正義的原則；立論的基礎，是哲學家腦海裡的想像。一以貫之的，是想當然爾的論斷。兩本書的主題都是正義，但是對法學理論而言，能參考佐證的材料，卻相去不可以道里計。

參考文獻

◎Baxter, William F. & Altree, Lillian R., “Legal Aspects of Airport Noise” , *Journal of Law and Economics*, 15（1）:1-117, 1972.

◎Coase, Ronald H., “The Problem of Social Cost” , *Journal of Law and Economics*, 3 :1-44, 1960.Collected in *The Firm, the Market, and the Law*, Chicago :University of Chicago Press, 1988.

◎Buchanan, James M. & Tullock, Gordon, *The Calculus of Consent*, Ann Arbor :University of Michigan Press, 1962.

◎Rawls, John, *Theory of Justice*, Cambridge, MA :Harvard University Press, 1971.

提問

18

“經濟學不就是斤斤計較？”

二〇一〇年，住在台東、以賣菜維生的陳樹菊，其長年默默行善的事蹟受到媒體披露，一夕之間被譽為台灣慈善家，更獲選美國《富比士》雜誌與《時代》雜誌的百大人物之列。陳樹菊生活簡樸刻苦，平時省吃儉用，每天生活費不到一百元，至今卻已捐出近千萬元給學校、醫院與育幼單位等，所有獲得表揚的獎金她也如數捐出，一分不留。陳樹菊慷慨捐出的金額可以計算，然其行為背後代表的無私與大愛，則是數字無法衡量。

隔空比劃熊與鶴

過去二十餘年，在課堂內外，推廣「法律經濟學」一直是我活動的重點。「法律經濟學」是新興學科，利用經濟分析的思維，探討法學問題。在台灣和中國大陸，這個學科都還處於萌芽蓄勢的階段。利用學術休假，我安排到幾所中國大陸法學院，密集地教這門課。除了課程的教材之外，還設計了幾個家庭作業，要修課的碩博士生們，以組為單位完成。

第一個作業，是我提供三十篇專欄文章，同學們寫讀後心得。目的有二：希望沒有接觸過經濟學的人，能體會到經濟分析的精髓和趣味；同時，希望能由閱讀中，試著把學理和生活經驗作一連結。

以此為基礎，第二個作業要求更高的智識投入：我再提供三十篇專欄文章，同時建議幾位人選；同學們選擇其中之一，然後比較我和另外這位學者的文章。這些學者的知名度都很高，而且都有大量的文稿作品。比較的重點有二：在處理的主題上，兩人異同如何？在分析問題的方法上，兩人又是如何取捨？

令我意外的是，幾個不同學校裡，絕大多數的同學都選了北京大學法學院教授賀衛方。賀衛方本身就幾近是一頁傳奇。他文采斐然，風度翩翩，辯才無礙；無論演講或下筆，都散發出巨大的熱情。而且，一向直言無諱，主張廢除死刑，強調司法獨立等等。他的博客名為「守門老鶴」，每年有數十萬人次點閱；在許多年輕學子的心目中，賀衛方是他們不折不扣的偶像。

他最為人津津樂道的事，是北大任教多年後，於二〇〇八年接受浙江大學的邀約，決定到光華法學院任教。在北大的畢業典禮上，他發表令人動容的告別演說；然而，他卻沒有到浙大報到。箇中原因，和法學解釋一樣，有甲說乙說和隨便說。通說有二：一，他到南方、自由風氣更盛的浙大，言論尺度會更開放，可能會傷害黨和國家的利益；還是留在北京，能就近看管較好。二，他是法學界和社會的稀有動物，極其珍貴；萬一在南方有了閃失，對黨和國家的利益傷害太大。

因此，理由不同，殊途而同歸；他辦了離校手續，但是沒走成。結果是，他必須先到新疆去支援教育兩年，才能回北大復職。

學生繳的報告，內容五花八門，甚至對姓氏名稱發揮聯想：熊代表積極攻擊，而鶴代表穩健守成；熊在山林出沒，而鶴在天際翱翔。不過，針對作業要求，報告內容都言之有物。兩人文章的涵蓋面雖有不同，但都涉及司法制度和死刑存廢等。兩人之間的差異，並不特別明顯。

在論述和分析方式上，兩人則是迥然不同。和大多數法律學者一般，賀衛方採取的是規範式論述，先標明一些理念，再以理念處理個案。我的方式，則是讓事實來說話，基本上不作價值判斷。吉林大學法學院的一組報告，讓我眼睛一亮。他們把兩位作者同一時期的文稿，輯成兩個大文檔；然後計算在文檔裡，兩人各自用了多少規範式的字眼，如「我認為、我覺得、我想、應該」等等。統計結果，大概是一比十五；我很少用規範性的字眼，而賀衛方筆下有濃厚的主觀價值。這種差異反映了兩個學科的特質，也反映了兩位作者有意無意的取捨。

其實，這個作業還有一些額外的用意。因為要比較，所以要細讀精讀；而透過這種深度閱讀，由一系列的作品裡，可以琢磨作者對文章的構思，以及論理說情的方式。對於自己寫文章處理問題，有他山之石的效果。

奧運盛會的質與量

另外一組作業，也分成兩部分：第一部分，針對奧運會的比賽項目，選出十種；五種是以「質」決定勝負，五種是以「量」分出高下。描述決定勝負的方式，以及裁判人數的多少等。第二部分：由奧運規則，聯想和比較分析、法學中如何處理「質」和「量」的問題。

兩個石頭，孰輕孰重，容易比較；兩幅畫，哪一張漂亮，不容易比較。兩車相撞，誰對誰錯，可能介於兩者之間。也就是，輕重、美醜、是非，都涉及價值的排序（ordering）；要決定適當的排序，難易程度不同。一旦需要排次序，顯然就隱含採取了某種量尺（measure）；度量衡可以決定長短輕重大小，但是是非和美醜等排序，卻必須依賴其他的量尺。奧運會裡的裁判，是一個好的參考座標（reference framework）。

跳高和撐竿跳的比賽場地，有一位裁判坐在跳竿旁邊；拳擊賽時，除了場上的裁判以外，圈外還坐了三位裁判；跳水、韻律舞、花式溜冰、體操等，場邊有七至九位裁判。不同的安排，意味著操作不同的量尺；三者之間的比較，饒有興味。

跳高和撐竿跳，情形最簡單；選手一跳而過，竿子有沒有掉落，一目了然，全場觀眾都眼見為證。似乎，一位裁判坐在竿子旁邊，是多此一舉。其實，不然；在選手過竿時，萬一有突發情況（強風或地震、或場中騷擾），就要由裁判決定，觀眾幫不上忙。另一方面，花式溜冰和體操項目，選手表演之後，裁判針對「技巧」和「藝術」兩個項目打分數；然後，所有裁判的分數加在一起，算出平均數，就是選手的成績。

拳擊賽的情形，剛好介於其間。如果對手之一被擊倒在地，只要不是因為低拳（low blow）違規，十秒之後站不起來，勝負立判；全場觀眾眼見為證，就像跳高和撐竿跳，竿子有沒有掉落一樣。如果雙方打完三回合，就由場邊的裁判，決定勝負。每位裁判，每回合打分數，三回合分數加總，選出贏家；然後，三位裁判的決定放在一起，由票數決定勝負，少數服從多數。因此，最後結果，可能是「一致決議」（unanimous decision），也可能是「分歧決議」（split decision）。

對拳擊賽的裁判而言，重點是放在兩人的差異上；對花式溜冰等的裁判而言，雕鑿自己心中的量尺，更為重要。由簡單到困難，可以想像成一道光譜（a spectrum）；光譜上有很多點，代表不同性質的排序。

奧運的眾多競技項目裡，有些項目明顯的重視「量」，如舉重、鉛球、鐵餅、跳高等；有些項目明顯的重視「質」，如馬術、花式溜冰、跳水、體操等。在決定勝負上，衡量的方式不太一樣；「量」可以訴諸於某種度量衡的工具，而「質」只能訴諸於人（裁判）的判斷。不過，質量之間的曲折，還值得作進一步的推敲。

很明顯的，量和質之間，其實不容易截然劃分，而往往是彼此影響。一百米的速度，以時間長短決定；看起來是「量」，背後卻是由「質」決定：肌肉勻稱程度、起跑反應、體能狀態等等。眾多「質」的因素，影響了最後「量」的結果。還有，不能直接處理「質」，只好退而求其次用「量」來替代。譬如短跑有沒有偷跑，是「質」的判斷。根據研究，人類聽到聲響而反應的速度，最快是零點一一秒，但此為肉眼無法處理的範圍，只好訴諸於替代方案——在起跑架下有電子感應器，鳴槍後零點一一秒內離開起跑架的選手，就認定是偷跑。

仔細琢磨，數量其實是質量的特例。在質量的光譜上，有高下的刻度，是「排序」（ordering）；有些排序，可以用度量衡等數字來表示，就是「數量」。數量和質量的關係，有點像是價格與價值之間的關係：（貨幣）價格，是眾多價值（美醜是非善惡對錯等）之一；而所有的價值，都是相對高下的排序。奧運所揭櫫的目標，「更高、更遠、更快」，看起來是追求「量」的改善，其實是追求「質」的提昇。

主要的體會，可以簡單歸納如次：第一，奧運規則追求的是公平競賽，法律追求的是實現正義；公平重視過程，而正義重視結果。第二，奧運的競賽項目，有些著重「質」，有些著重「量」。「量」的多少高低，可以藉度量衡的儀器；一旦對「量」和「質」有爭議，就可以透過「程序」來處理量和質的「實質」問題。第三，無論是奧運規則和規則的變遷，對法學而言，都反映出「規則即工具，概念也是工具」。

奧運裁判和法院法官之間，有什麼明顯的相同相異之處？運動會的裁判，通常是不帶情緒的吹哨執法，主要功能，是讓比賽公平進行，不管結果為何。在團體型比賽時，如果有人惡性犯規，裁判可能會動氣，道德上（或肢體動作上）譴責犯規者；因為惡性犯規容易造成球員（嚴重）受傷，增加競技的風險，改變運動的性質。

相形之下，法官除了主持公正的審判程序之外，本身還有另一種身分：代表社會對罪犯（被定罪者）宣佈懲罰，並加以道德譴責。因此，無論中外，法官的服飾儀容，都有意的莊嚴凝重；裁判的衣服，只要易於和球員（競技者）區隔開來就好。

成本效益之辯

在我所推動的夏令營裡，參加的多半為法學背景的博士生、教師、法官、檢察官等。對於經濟學、特別是成本效益分析，都有許多困惑和質疑。因此，我曾經安排辯論，主題就是：「成本效益分析有無局限？」

關於成本效益分析，常見的質疑是：「如果什麼事都講成本效益，人不變得庸俗了？」、「不是所有的事，都可以用成本效益分析。」、「感情、父母子女之情，難道可以用成本效益分析嗎？」。

這些都是直覺上想當然爾的困惑，比較深層的理由，約略如此：成本效益分析，意味著人在腦海裡會有意識的思維評估，再根據利弊得失的計算作出取捨。可是，在一般人的日常生活裡，似乎都是習慣成自然、不假思索、隨興而至的舉措；成本效益的念頭似乎很少出現過。除此之外，另一種質疑是：革命烈士、英雄豪傑、捨生取義、見義勇為等的行為，難道也可以用成本效益來解釋？在採取行動時，這些人的腦海裡，難道會以狹隘的成本效益來計算嗎？無論是一般人的日常生活、或特殊人物特殊時刻的舉止，對成本效益分析的質疑都合情合理。經濟學（者），值得正面回應、嚴肅以對。

對於成本效益的挑戰，可以平實清晰的一一回應。首先，金錢貨幣、商品價格等，只是成本效益分析常觸及的材料。成本效益所涵蓋的範圍，當然遠不止於此。情感、道德、良知、倫常，都隱含利弊得失、好壞高下，當然是分析的對象。而且，一般人生活中對於「好不好」、「應該不應該」等等的考量，就是不折不扣的在作成本效益分析。其次，字典依部首（或英文字母）來排序，是為了便於查找使用；分類，能降低成本。同樣的道理，日常生活裡習以為常、不假思索的部分，正是已經經過分類（sorting）的過程，被歸入「不需每次思索」的類別。規則化、標籤化，能降低行為成本。

再其次，見義勇為、奮不顧身的人，平日維持「樂於助人」的習慣（規則）；一旦面臨類似的情境，自然習慣性（規則化）的出手挺身。有時候，也可能導致不好的結果。還有，英雄豪傑、為國為民的舉止，反映出當事人考量的內容，和一般人不太一樣；「死，有重於泰山，有輕於鴻毛」，「數千萬人，吾往矣。」都還是成本效益分析後的取捨。

追根究柢，成本效益分析就是利弊得失、好歹高下的取捨。人是能思索、會思索的生物，思索的性質就是希望趨利避害——只是每個人對利害得失，有不同的評價而已。試問，如果面對環境裡的各種情境，不是考慮好歹得失；那麼，人們依恃的是什麼——批評（質疑）成本效益分析的人，不妨心平氣和的想一想：不運用成本效益分析，替代方案是什麼？

法學和實務的關係非常密切，以法官檢察官等為主的司法體系，對現代社會的重要性不言可喻。然而，法學也是社會科學的領域之一，除了實務的成分之外，也有智識上的興味。

由短文的比較，可以清楚看出經濟學（者）和法學（者）論述方式的差異。前者強調「實證」或「實然」（positive），後者強調「規範」或「應然」（normative）；這種對比，襯托出兩個學科論述時重要的差別之一。法學雖然號稱是「證據之學」，但在實際上卻並非如此；對於法律學者（和學子）而言，這未嘗不是一種提醒。其次，奧運規則和法學的聯結，也是一種對比。奧運裁判和法官，都是在執法；兩者的相同相異之處，對法學而言似乎可以萃取不少的啟示。而且，奧運項目所隱含「質」和「量」的差別，提供了一個鮮活的角度，可以探討法學裡涉及的質和量、以及如何處理的問題。

規範式的論述，以道德哲學或信念為基礎，不容易直接驗證對錯是非。因此，往往訴諸於權威，過去的（柏拉圖、亞里斯多德等）或現在的權威。而現在的權威，通常又和年齡息息相關；年齡愈大，業內的分量愈重（擁有的資源愈多）。在人文和社會科學裡，這種現象很普遍。

相形之下，實證式的論述，立基於眼見為信的資料、或爭議不大的邏輯推理。因此，年齡不是問題，而且往往英雄出少年。權威未必年紀大，論資排輩的情形比較少見。一個類似的例子可以參考：農業社會裡，經驗是有價值的，因此「不聽老人言，吃虧在眼前」。相對的，足籃球的職業賽裡，年輕就是本錢；鈔票最多（講話最大聲）的人，未必是資深球員。

一般人對經濟學、金錢買賣、成本效益，往往有著一種直覺上的保留或排斥。對於看似錙銖必較的經濟分析，自詡有著道德情懷的社會大眾，似乎有理由質疑臧否。然而，對法學而言，天秤兩邊的高低傾斜，不正是整個學科所關注的焦點（之一）嗎？如果不錙銖必較，何來公正嚴明的判決？司法女神的尊崇，而如何得到社會大眾的信賴？更何況，成本效益分析的本質，只是一種普遍有效的思維方式；如果批評之外，沒有更好的替代方案，如何能更有效的追求公平正義？

參考文獻

◎ Buchanan, James M., *Economics from the Outside in :Better Than Plowing and Beyond*, Revised edition, Texas :Texas A&M University Press, 2007.

◎ Frank, Robert, "The Economic Naturalist :In Search of Explanations of Everyday Enigmas", *Library Quarterly*, 79（1）: 379-382, 2008.

◎ Simon, Herbert A., "Models of My Life", *Journal of Economic Dynamics & Control*, 18（5）:1045-1049, 1994.

◎ Stigler, George, *The Memoirs of an Unregulated Economist*, Chicago :University of Chicago Press, 2003.

提問
19
“學好法律不就是死背嗎？”

為什麼民法要分物權和債權？
為什麼要規定需滿幾歲才能結婚？
為什麼要限制締結婚姻的性別？
為什麼要規範權利與義務？

這些社會規章律法，要背誦強記，多下點功夫花點心神，其實一點也不困難。但是背起來了，然後呢？每道律法都有當下制定的時空背景，當時代遞嬗，狀況已有不同，我們是要被這些已經背誦在心的法律文字束縛，還是可以試著理解當初制定的緣由，重新設計出適合當時當地的法律？

過來人的一點心法

對於研習法律，站在旁觀者和過來人的立場，可以分享幾點心得。

學習法律，和學習其他學科一樣，最好保持好奇心，常問：為什麼？問些笨問題，自得其樂，自愚娛人，誰曰不宜。不斷提問和自問自答（設法找到適合的答案），慢慢培養出對這個學科的了解，特別是根本而重要的核心部分。

不久前的一個場合，兩岸民法權威都在場；我不揣淺陋，趨前向其中一位請益：「為什麼民法要分物權和債權？」「因為台灣民法是這樣規定的。」再問：「為什麼台灣民法要這樣規定呢？」回：「那你要問X老師」，同時手指台灣民法權威。聽到一問一答，台灣民法權威補充：「因為世界各國都是這樣規定的。」然而，顯而易見的，對於這個及其根本的問題，兩位權威可能都認為是理所當然，從來沒有思索過。這個笨笨的好問題，就引發了一個小小的智識之旅；探索的所得，掌握了物債二分的根本原因。

在社會科學裡，可以一直追問「為什麼？」追根究柢，究其精微，如果答案最後能和達爾文的《進化論》聯結，大概就有相當的解釋力。為什麼？因為「物競天擇，適者生存」——為了生存和繁衍，人類（生物之一）會設法克服困難，自求多福。由經濟學的角度看，能解決問題的方式，幾乎必然是「成本低，效益高」的做法。一連串的為什麼，最後通常可以和成本效益作出聯結。

練基本功，啃經典蹲馬步，這是老生常談；看似陳腐，其實歷久彌新。不過，對於「經典」，可以稍稍增添一些新意。

在二十一世紀初，華人社會法學界的主流，還是以道德哲學為理論基礎。相形之下，經濟分析在本質上是實證科學（a positive science）。理論的基礎，是真實世界人的行為。因此，法經濟學的方法論，是「先了解社會，再了解法律」。經典，不是柏拉圖、亞里斯多德等的哲人聖王，而是歷來經濟學者所累積的智慧結晶。在諾貝爾經濟獎的得主裡，有好幾位的論述用的數學都很少：科斯（Ronald Coase），布坎楠（James Buchanan），諾思（Douglass North），歐斯壯姆（Elinor Ostrom），薛凌（Thomas Schelling），威廉姆森（Oliver Williamson）。他們集大成的作品，可讀性都很高，大學的高年級學生都可以體會掌握。此外，波斯納是經濟學和法學的橋樑，他的作品也值得一讀再讀。

習法小技巧

藉著一些靈巧簡單的技巧，往往可以輕鬆捕捉法律的神韻；而且，以理解之，完全不需要死背死記法律條文。這裡謹介紹三種技巧。

反向思考

這一種技巧很容易，可以稱為「反向思考法」或「反向操作法」。如果法律條文規定的是A，就自問：如果不是A，而是-A（剛好相反），則會如何？兩個例子，以小見大。

首先，緊急避難，是文明社會普遍方法保護的作法——在特殊情形下，可以採取特殊的作為，即使侵犯他人權益也無妨。譬如，路途中突遇狂風暴雨，可以闖入空屋躲避。-A，就是不允許緊急避難。在這種情形下，不容許採取權宜措施，對當事人固然不好，對其他人也不好。因為，當事人可能招致的損害，無從彌補；而且，每個人都可能面對這種情形。如果屋主（其他人）在場，當然會開門讓路人暫時避雨。

其次，眾所周知，「買賣不破租賃」是法律對承租戶的保障，這是A。-A，就是「買賣可以破租賃」：租期未到，房東把房子賣掉，房客也要跟著搬家。如果法律是「-A」，看起來對房客不利，對房東有利。其實，不然。如果房東可以隨時賣屋趕人，房客願意付的房租，必然較低——因為其他不打算賣房子的屋主，可以保證租期內不賣房，房客因而願意多付租金。然而，在租期內會賣房子的房東，必然是少數。因此，「-A」意味著，房東的收入減少，得到的是幾乎用不上「隨時可賣屋」的彈性。對絕大多數房東而言，這顯然不是較佳的狀態。也就是，法律規定「買賣不破租賃」，對房客和屋主而言，都是好事。如果房東真的可能賣屋，至少有兩種變通的做法：短期租約，或者長期租約、但是言明可能賣屋；兩種情況，都意味著租金的水準較低。

一言以蔽之，如果是法律A，就想想「-A」的規定，將導致什麼後果。

前面的篇章也曾提到A-A'的分析方式。A-A'的分析方式，其實是A-A'-A''-A'''……的簡化；隱含的意思是，在眾多可行方案中，經由比較，過濾出最後兩組A和A'。就法條或對法條的解釋而言，A和A'通常各有高下，是利弊參雜的組合。A-A'和A及-A相同之處，是評估何者較佳時，都是採取往前看的思維方式。由A（A'）和A（-A）所導致的結果，來評估哪一種選擇較好。不同之處，是A及-A直接對立相反。A-A'的組合，可能是由很多可能選項中篩選而出；-A的出現，只要把眼前的法律條文作一百八十度旋轉，直接相反，就可以進一步思索深究。

無論如何，A-A'及A和-A的組合，都是分析問題的技巧。剛好巧妙的呼應了原告被告、有罪無罪、天平兩邊的對比。技巧是思考問題的出發點或切入點，是找出「牛肉」的有效途徑，但並不是「牛肉」本身。

連環圖

法律的條文，是一維（one dimension）的文字；然而，法律的內容卻往往涉及二維或多維。藉著連環圖（或流程圖）的方式，往往有助於釐清觀念，掌握關鍵所在。

民法裡的「表見代理」，可以作為例子。這個概念隱含的故事，大致如下：AA公司的業務代表甲，和乙有業務往來。一段時間之後，甲用公司的（假）印章，向乙調貨（或下一筆大的訂單）；乙如期交貨，甲捲貨（捲款）溜之大吉。乙要AA公司負責，因為甲是代表AA公司，AA公司不認帳，表示甲已離職，或用的是偽造的印章……。在這種情境下，到底誰該負責，判斷的尺度為何？〈圖19-1〉，展顯了表見代理的流程；藉著這個圖形，很容易掌握問題的關鍵所在。水平方向，是時間軸和對應的不同時點；垂直方向的AA、甲、乙，分別是公司、業務代表、和客戶。

剛開始，公司是公司（AA），業務代表（甲）是業務代表；但是，經過一段時間的業務往來，公司和業務代表合而為一，看到業務代表就等於看到公司——不需要每次驗證身分，對彼此都方便。然後，業務代表甲搞鬼，藉公司之名，行詐騙之實。毋庸置疑，業務代表甲的瑕疵最大。公司（AA）和客戶（乙）的責任，就要看這兩者瑕疵的相對大小：

公司（AA）的瑕疵>客戶（乙）的瑕疵　（1）

公司（AA）的瑕疵<客戶（乙）的瑕疵　（2）

（1）的情形，是指（譬如）公司已經知道甲離職，卻沒有即時通知平常業務往來密切的客戶，讓甲有可乘之機。（2）的情形，是指（譬如）客戶乙可以明顯看出公司的印信不符、或表格不完整、程序不完備，但是卻沒有盡到責任。

19-1　表見代理

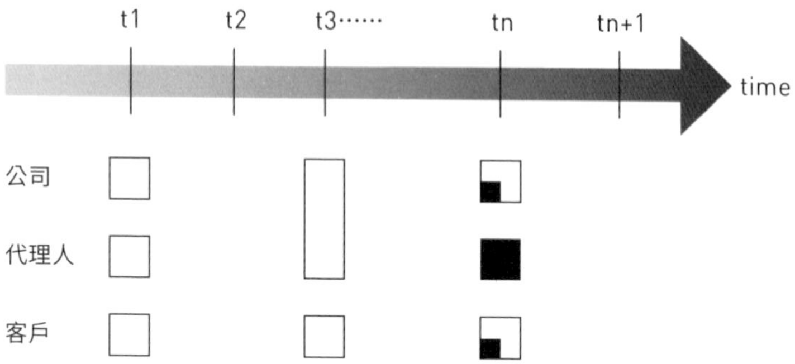

一言以蔽之，在「表見代理」的案例裡，業務代表必然有瑕疵；關鍵所在，是公司或客戶這兩方，誰的瑕疵較嚴重。或者，誰能以較低的成本避免詐騙，卻錯失機會。

而AA公司、業務代表甲、和客戶乙，這三者之間的責任分擔，有沒有必然的高下嗎？參考分析：僱傭關係或當事人——代理人問題（Principal-Agent Problem），是自古已有的困擾；不只是經濟活動，其他領域亦然——「將在外，君命有所不受」，對君王來說就是喜憂參半的棘手麻煩。

表見代理，是在傭僱關係上添加另一個參與者——客戶。三方關係，看似麻煩，焦點很清楚，還是在業務代表（甲）身上。造成甲出問題的原因不可勝數，譬如：公司（AA）管理鬆散，讓他有機可乘；或者，客戶不重視標準作業程序（SOP，standard operation procedure），讓他覺得可以撈一筆。

不過，無論外在因素如何，出問題的肇事者還是業務代表（甲）；在絕大多數的情形下（容或有極少數的例外），他要承擔主要的責任。次要責任，就是公司（AA）和客戶（乙）之間的比較。公司（AA）基於本身利益的考量，通常會指責客戶，認為客戶應辨別

19-2 釣魚執法

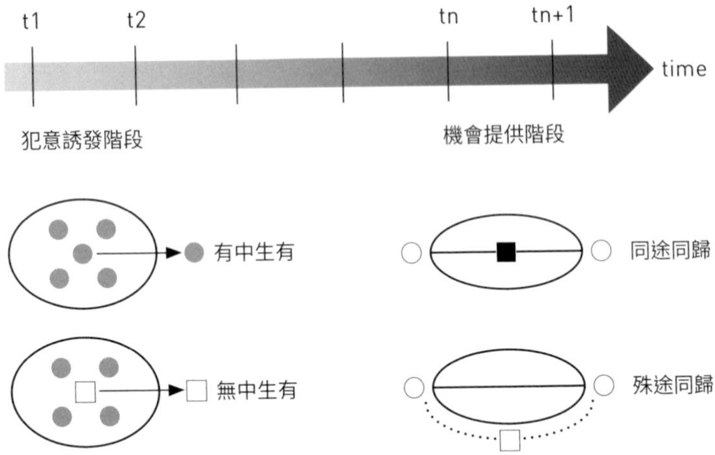

業務代表的「個人行為」和「業務行為」；然而，當業務代表正常表現時，這兩者事實上是合而為一。兩者合而為一，「業務代表即公司」可以降低運作成本，對大家都有好處——在沒有出問題時。

成語口訣

對於複雜的法律問題，可以試著琢磨關鍵所在，然後援用成語或口訣，一針見血、畫龍點睛的提綱而挈領。

以刑事偵查的「釣魚執法」為例。譬方為了破案逮人，採取靈活的手段；可是，合法非法往往一線之隔，警方有沒有踰矩？譬如，小混混平常賣毒品一、兩公克，警方以大單（一百公克）誘惑；結果，在交貨時逮人，警方有沒有違法？〈圖19-2〉裡，依時間軸分成兩個階段：「犯意誘發」，根據一般文獻，這是嫌犯動心起意的階段；「機會提供」，這是執行過程中，警方提供機會，嫌犯完成違法的作為。

在「犯意誘發」階段，如果警方所提供的誘餌（譬如●），是嫌犯本來就常操作的；這是「有中生有」，是合法的。如果誘餌（譬如□），是嫌犯過去所從來沒有做過的；因為誘人，所以嫌犯上鉤，這是「無中生有」，基本上是違法的。在「機會提供」階段，如果警方所提供的機會（譬如■），是嫌犯原先經常使用的途徑之一，警方沒有改變嫌犯的模式，這是「同途同歸」，是合法的。如果警方所提供的機會（譬如□），是嫌犯過去從來沒有採用過的；因為誘餌，見獵心喜而上鉤，這是「殊途同歸」，基本上是非法的。

因此，警方作為是否合法，「有中生有」（無中生有）和「同途同歸」（殊途同歸），可以作為研判的量尺。未必百密而無一失，至少清晰好記，易於操作。

把文章寫好

法學領域裡，文字工作是很重要的一環。無論是論文報告、起訴書、答辯狀、判決書等等，都要運用文字。如何把「文章寫好」，顯然值得琢磨。

首先，最重要的觀念：文章為讀者而寫。為自己寫的是日記，其餘無論是學校的作文、機關公司裡的文案計畫、或報章雜誌書刊裡的各類文稿，都是為讀文章的人而寫。因此，在構思和落筆時，必須以讀文章的人為基礎，包括他／她的知識經驗、好惡、注意力等等。無論在內容、遣詞用字、敘述／論述方式上，都要考慮到讀者的接受能力。

然後，在讀者現有的基礎之上，作者的文章能添增一些新的材料。在學術領域裡，常用的字眼是「增值」（value added）——一篇論文的內容，為現有文獻添增多少價值。副刊裡許多文章，都是處理前人已多次處理的問題或情境，愛恨情仇等等；一篇文章能夠露臉，一定是和前面類似的作品相比，至少有一點新意。同樣，能在民意論壇刊出的文稿，也一定是這篇讀者投書比其他類似的投書多了一些成分。

因此，構思文章時，有兩個步驟：第一，在這個主題上，讀者們的理解或感受程度為何？第二，自己要增添的元素，又是如何？事實上，問自己這兩個問題，有助於掌握文章的主旨。無論文章長短，作者必須能以一兩句話，總結文章的精髓所在。如果自己都不能掌握文章的核心觀點，試問讀者難道會有興趣借箸代籌？在資訊氾濫的現代社會，要捕獲讀者的眼球和注意，這點尤其重要。

其次，文章的內容，透過文字來表達。因此，文字的處理，是寫文章的另一個關鍵所在。絕大多數寫文章的人，都不是文學專業或科班出身。在文字的素養上，自然無從太過苛求。不過，即使不求文采斐然，文字的運用還是有高下好壞之分。

對我而言，謹守幾個簡單的原則：句子最好不要太長，而且多用句點。原因很簡單。句子長，讀者不容易掌握文意，增加閱讀成本。兩三個逗點之後，最好就畫下句號，重新開始下一句話。如果文義必須連貫，就以分號隔開。就文字本身，引經據典和採用成語，都能使敘述活潑有變化；但是，之乎者也等等虛詞，能不用最好不用。平凡直敘的白話文，容易閱讀，溝通成本最低。

檢驗文字流暢與否的方式，其實也很簡單。文章完成之後，自己從頭到尾默念一次。如果能口語般地念完，表示文字像講話般地自然。如果拗口或喘不過氣來，甚至無以為繼，就表示或者句子太長，或者敘述不平順。自己念給自己聽是一種方式，念給朋友或家人聽，是另一種方式。重點是，能平順念完的文章，已經有一定的水準，讓讀者能不費力地看完。一言以蔽之，寫好文章的基本原則就是：通順、言之有物。

我曾在香港和一位朋友碰面聊天，他是著名的律師，是北京重要律師事務所的合夥人之一。在加拿大出生成長，原先學物理，後來改讀法律。他提到，學法律時從不背法條，但是一定探索法條背後的意旨作用。久而久之，自然而然的，他就慢慢體會了法律／法條的精神。幾乎是一通百通，無入而不自得。

我的背景是經濟學，長年從事教學和研究。對於各種理論觀點，習慣性的自問：「為什麼」？自己了解之後，才能向學生／讀者解釋。因此，和香港律師朋友的心得一樣：常問「為什麼」，設法「以理解之」。透過一些簡單的技巧，能釐清問題的原委，有助於回答「為什麼」；慢慢的，自己思維和分析能力增強，能逐漸說出一番道理，足以說服自己和說服其他人。然後，運用文字表達時，多為讀者著想。能表達清楚，自己才算是真正的了解；對別人而言，當然說服力增加。

在不同的場合裡，王澤鑑教授曾多次強調：學好法律的方式，是多找案例，和三五好友共同研討；寫成文字，反覆修改精煉。可見得，對於法學學子，學問之道無他，「勤奮得法」，四字而已。

參考文獻

◎ Dorner, Dietrich, *The Logic of Failure :Why Things Go Wrong and What We Can Do to Make Them Right*, Translated by Kimber, Rita & Kimber, Robert, New York :Metropolitan Books, 1996.

◎ Rubin, Edward L., *"Law and the Methodology of Law"*, *Wisconsin Law Review*, 72（3）: 521-565, 1997.

◎ Strunk, William Jr. & White, E. B., *The Elements of Style*, Hong Kong :Longman, 2008.

◎ Sunstein, Cass R., *Behavioral Law and Economics*, Cambridge :Cambridge University Press, 2000.

提問

20

“衝突一定都是不好的？”

三樓住戶總是把他們家的鞋子排放在樓梯上，平常只他們一家人三、四雙還好，有時他們一有客人，一排七、八雙是常見的事，甚至一階並排放個兩、三雙，佔了快階梯的一半面積。通常大家為了維持鄰居和諧相處也就睜一眼閉一眼，偶爾煩了氣不過就故意踢亂個幾雙以示抗議，沒想到他們竟惡人先告狀，要向管委會調監視錄影帶看看是誰踢的。因為不想起衝突，所以大家還是忍了。結果上禮拜，五樓的林奶奶下樓梯時，一個沒注意，踩上了其中一雙鞋，整個人摔了好大一跤……

生命的比擬

對於生命（通常指動物，主要是指人類）的禮讚歌詠、感嘆神傷，史不絕書。「視死如歸」，是把生命看得稀鬆平常，像回家吃晚飯一般；「人命如草芥」，是把亂世時的生命比擬為隨風飄蕩的種子。

生命本身的意義到底如何，似乎不容易有定論。但是，藉著各種極盡巧思的比擬，可以對生命有更深刻的體認。而且抽象來看，這種比擬和譬喻，還透露出一種重要的訊息：一件事物（包括生命）的意義，是由其他事物所襯托而出，是被充填和被賦予的。

不同的學科裡，對生命有輕重不同的論述。在法學論述裡，生命的意義是重要無比的課題。歷來的法學巨作，也一向對生命賦予崇高尊貴的地位。然而，絕大部分的討論，是以道德理念為基礎，再訴諸於古今中外哲學家的權威。相形之下，以比擬的方式琢磨生命的內涵，或許能帶來一些新意——死刑和器官買賣，是兩個既生動也爭議不斷的議題。

反對死刑的諸多理由，理直氣壯、擲地有聲，無庸贅述。但是，據我所知，有一個贊成死刑的理由，從來沒有在文獻上出現過，第一七三頁已經述及，這裡可以做進一步的對比和引申：在現代文明社會裡，一律禁止器官買賣，毫無例外。然而，法令明文禁止，並不意味著不存在。事實上，隨著科技的進展，醫療的人力物力愈益充沛，器官移植在技術上已經漸趨成熟。黑市裡的器官買賣，早已經不是新聞。因此，對於許多器官的移植而言，手術的風險，已經不再是主要的障礙；反對的理由，還是歷來對於生命／身體的認知。

以換腎為例，目前許多國家都接受親友捐贈的作法；或者，意外死亡者和死刑犯，也可以捐出器官，因此，大部分造福需要換腎的人。然而，和需要的人相比，法令所允許的供給只是杯水車薪。腎功能出問題的人，只好藉助於洗腎，然後經歷漫長等待歲月的煎熬；除了生理和心理上的折磨之外，也耗費極其可觀的醫療資源。

那麼，以洗腎延續生命，是一種做法；經過適當程式，允許某種程度的器官買賣，以換腎來充填生命，是另外一種做法。考量兩種作法所涉及的人力物力，考量患者本身的尊嚴和生活品質，也考量器官買賣所可能帶來的糾紛；目前依賴洗腎／禁止器官買賣的組合，一定比較好嗎？

在禁止器官買賣的前提下，大部分患者沒有適當的捐贈者，只能以洗腎度日。參考座標就是禁止器官買賣，而更根本的前提則是基本人權或道德哲學的信念。相形之下，換腎（逐漸開放腎的來源）的參考座標，是長時間洗腎所隱含的生活品質、及可觀費用；更根本的前提，就是隨著醫學科技的進展，換腎的風險已經逐漸降低。

兩相結合意味著：以換腎為例，過去以道德信念支撐禁止器官「買賣」，有相當的說服力；醫療科技進展之後，替代方案的可行性愈來愈強。逐步放鬆器官「移植」，或許是未來值得認真面對的選項。

以社會的外部敵人／內部敵人思索死刑的作法，以洗腎／器官買賣思索腎臟病患者的際遇，都是藉著比擬對照的方式，對生命的意義作某種充填。當然，這種比擬的好壞，值得和其他的比擬作一對照。

愛滋器官的價值？

二〇一一年，因為一連串的誤失，台大醫院將愛滋病患的器官，移植到五位病患的身上。意外事件發生之後，當然有諸多問題要處理；最重要的問題之一，是對於接受器官的病患／家屬，如何彌補和賠償？

如果在法庭相見，官司勝負其實非常清楚：台大醫院沒有遵守標準作業程序，要確定器官沒有受感染才可以動手術。因此，接受器官移植病人／家屬的權利，受到嚴重的侵害。家屬所受的心理煎熬、病患日後的醫療問題等等，暫且不考量。針對病患本身，遭到原本出自善意的愛滋器官移植，該賠償多少金額？

關於侵權和契約的賠償，有兩個常用的參考座標：回復原狀、和履行契約。汽車壞了送修，不但沒修好，還損壞其他零件；恢復原狀，就是解除契約，回復到原先狀態所需要的花費。如果修繕過後，跟原先承諾的有差距；兩者差別所隱含的損失，就是該賠償的金額。

乍看之下，在愛滋器官移植的案件裡，這兩個參考坐標都不適用：回復原狀，是把已經移植的器官移除，回到原先等待移植的狀態；履行契約，是移植協議原先的默契：移植後，病患和其他類似換腎／換肝／換心等一樣，經歷正常的復健和風險。然而，帶有愛滋病原的器官，即使移除或再移植健康的器官，病患（幾乎確定）已經感染，生命的性質大不相同。兩個參考座標，都是可望而不可及。

然而，仔細思索，也未必如此。具體而言，站在目前這個時點上，不妨問一個假設性的問題：「如果」在手術之前，就知道移植的器官帶有愛滋病原；那麼，病患的選擇會是如何？是不接受移植，繼續待在等候名單上，希望下一個捐贈者（不知何時）出現？或者，即使知道是愛滋器官，手術之後將感染愛滋，生活品質將下降，生命也可能在幾年後結束；然而，有缺憾的生命當然差強人意，但是至少能離開病床，回到生命原先的軌跡上。

這兩個選項有點殘酷，卻可以讓問題更直接真實；對於不同的人，在這兩者之間，顯然有不同的取捨：比較年輕、比較容易得到器官、潛在捐贈者較多、比較執著的病患，可能傾向於繼續等候。相對地，年紀較大、身體狀況已經走下坡、不容易得到捐贈器官的，可能傾向於後者——兩害相權，取其輕。與其繼續等候，不如移植愛滋器官，享受有缺陷、但來日無多的生命。

由此可見，在接受器官移植的病患裡，以病患本身的條件和特質，大致上區分出兩種類型。對於這兩種類型，在賠償金額的計算上，可以有不同的取捨。事實上，在極端的情形下，病患可能不要求任何賠償——器官移植之後，能享受一段正常的生活；而在愛滋病原發威之前，因為其他器官衰竭，生命已經畫下美好的句點。

然而，無論援用哪一個參考座標，對於這些病患的金錢賠償，最好有這一項——懲罰性賠償（punitive damages）：對於故意或重大過失造成的傷害，針對的不是受害人，而是加害人。在一個所得近兩萬美元的已開發國家裡，在一個居於龍頭地位、享有國際聲譽的醫療機構裡，竟然會犯下如此的「低級錯誤」。對台大醫院祭出懲罰性賠償（譬如每位病患一億台幣，也就是江國慶被誤殺後、國家賠償的金額），不只是處罰台大醫院／台灣大學／納稅義務人，更重要的是警惕世人：現代文明社會裡，尊重標準作業程序，就是保障別人和自己。抽象來看，懲罰性賠償有多嚴峻，愛滋器官的價值就可以有多高。

延伸來說，如果是人賦人權，動物植物是否也有權利？由自然法的立場出發，可以推演到基本人權；可是，由自然法，如何解釋「法人」呢？可見得，人賦人權較有說服力；法人，是人所創造出來的，希望能發揮某些作用。法人，像公司組織等，是沒有生命的「人工物」（artifact）。

相形之下，動物植物是有生命的，自然而然更適合享有權利。動植物的權利，是由人所賦予的，和法人的權利一樣。

衝突不是壞事

曾有名言：我不尋求衝突，但是我不畏懼衝突。這句名言頗有道理，至少對我而言是如此。

學校附近有一捷運站，搭捷運時，我常把腳踏車停在站旁大樓的騎樓下。好幾次腳踏車被移到騎樓外的馬路上，東倒西歪。我曾到服務台告訴保全：騎樓是公共場所，可以停腳踏車，不要隨便動我的車。前幾天又看到腳踏車被移，倒在地上。我找到保全，他說是奉命行事，把責任推給大樓管理委員會。我表示：不是要找他麻煩，給我管委會的電話，我會直接溝通。沒想到，這位老兄竟然說：沒有電話，電話可以上網查。我腎上腺素大量分泌，沒好氣地問他：有什麼見不得人，為什麼不能給電話號碼？他滿臉無所謂，不給就是不給。

回到研究室，我打開電腦，立刻上網，查出轄區派出所的電話。接通之後，我說明曲折；表示將立案，控告管理委員會「毀損」我的腳踏車。警員口氣和善，問我要到派出所還是現場，然後約好十分鐘後現場見。回到現場，保全請來管委會的總幹事。警員問明原委，問我腳踏車停哪裡，問我車子哪裡受損？我強調，這是文明社會、法治國家，在牆柱上貼告示：「不准停車，否則將以『廢棄物』丟棄」，於法無據；而且，隨便移動別人財產，造成損傷，當然侵權違法。我指著車子橫桿的刮痕，重漆費用大概六百元，就是我要求的賠償金額。

保全承認，是他搬動車子；總幹事強調，腳踏車亂停，萬一經過的路人絆倒，大樓要負責，淨空是防患未然。警員兩邊說項，告訴保全和總幹事，他們沒有權利隨便動別人的車；又告訴我，小事一樁，真的要提告訴嗎？來回勸解，最後和解成立：以後保全可以照相存證，但是不能動車；總幹事道歉，再自己掏腰包，賠償三百元。雙方簽字，彼此不得再提告訴。

吵了一個多小時的架，口袋裡多了三百元，氣消了大半，頭腦也清楚了一些：由「維權」的角度來看，管委會和我都理直氣壯。大樓希望騎樓美觀通暢，不希望腳踏車擺放，合情合理。我使用公共空間，不希望車被移動受損，於法有據。彼此權益發生重疊時，經過衝突而釐清權利歸屬，可以說是好事。現代文明社會，依法治程序而捍衛自己的權益，利己利人。

為了腳踏車的停放衝突，看似為雞毛蒜皮計較，有人吃飽飯沒事幹，藉吵架鍛鍊EQ張縮的能力，其實不然，雖小道必有可觀者。捷運站旁的大樓，負荷了額外的重擔：因為有捷運站，所以有大量的乘客；乘客的腳踏車和摩托車等，當然要停在車站出口附近。如果捷運局設置的停車空間不足，自然而然地會停到附近的大樓店面住戶等地。因此，對於騎樓下的腳踏車，管委會要找麻煩的對象，不該是車主，而是捷運局。捷運局配套設施不足，對附近造成不利影響，必須因應處理——就像捷運沿線要設隔音牆，減低噪音一樣。

當然，市政府也可以回應：捷運站附近的大樓店面等，價格一再上漲，市府並沒有課增值稅；管委會該自求多福，處理停車問題。顯然又是權益重疊，發生衝突。同樣地，值得透過文明的程序，釐清彼此的權利。衝突不是壞事，而是契機；藉著處理衝突，可以澄清權利的結構，有利於資源的有效運用。

整合和提煉

無論中外的法學界，目前的主流思維還都是認定：法律的主要功能，是在追求和實現公平正義。可是，由前面的案例中，可以清楚的看出（或至少感覺出）：在很多情形裡，什麼是公平正義，其實相當模糊。

在前面的段落中提到：戰場上的敵人，生命可以隨時剝奪，這是社會的「外部敵人」；對同胞犯下重大罪刑的，是社會的「內部敵人」。兩相比較，內部敵人的生命一定不能剝奪嗎？其次，換腎，可以涉及某種程度的器官交易；不換腎，生活品質可憫。兩相比較，一定有明顯的高下嗎？

由此可以提煉出一點心得：法律，只是一種規則；規則的本質，是在處理不同價值之間的衝突，而未必和公平正義有關。這些體會，在「愛滋器官」的案例中，更是清晰可見。當不同的價值發生衝突時，剛好是一個契機，可以琢磨較好的規則。在不同的規則裡，選出一個「較好」的；所謂的「較好」，未必是符合公平正義的，而往往是能讓大家共存共榮的。

由這三個案例，可以歸納出兩點體會，對法律學者和法學學子而言，都值得駐足沉思：第一，法律的功能，未必是追求公平正義，而是在處理價值衝突。第二，法律的功能，過去是以「除弊」為主；今後，可能「興利」才是重點所在。

參考文獻

◎Kuran, Timur, "The Economic Ascent of the Middle East's Religious Minorities :The Role of Islamic Legal Pluralism" , *Journal of Legal Studies*, 33 :475-515, 2004.

◎ Parisi, Francesco, "Positive, Normative and Functional Schools in Law and Economics" , *European Journal of Law and Economics*, 18（3）:259-272, 2004.

◎Posner, Richard, *Frontiers in Legal Theory*, Cambridge, MA: Harvard University Press, 2003.

◎Ramseyer, J. Mark, *Odd Markets in Japanese History*, Cambridge, UK :Cambridge University Press, 1996.

後記

關於這本《罪與罰之外：經濟學家對法學的20個提問》，還可以略作說明，補充一二。

在性質上，這本書是「法律經濟學」的基本教材。和外文的類似著作相比，有一些差異。首先，眾所周知，「法律經濟學」這個小學科，是利用經濟學的分析工具，探討各種法學問題。在開疆闢土的階段，最好先由經濟學者擔綱。雖然他們對於「法學」問題，或許稍有隔閡；可是，對於經濟分析這套工具、以及精髓所在，他們稍有比較優勢。

其次，在英美法系社會，法律經濟學通常是以「財產法」、「契約法」、和「侵權法」劃分；而且，道德哲學幾乎是西方法學的脊樑。相形之下，大陸法系社會裡，沒有這些包袱，反而有較大的彈性和揮灑空間。再其次，學科的推廣，可以循正常管道，在學校裡透過課程，逐漸積累。然而，至少目前在中文世界裡，能在法學院裡講授法經濟學的師資，屈指可數。因此，另一種推廣的方式，就是提供適當的材料，讓有興趣的學子和專業人士，能夠透過閱讀，自己掌握法經的基礎知識。

這本《罪與罰之外：經濟學家對法學的20個提問》和先前的《熊秉元漫步法律》，輔助性的《經濟學了沒》、《吃魚的方法》和《我是體育老師》等，無論在深度和廣度上，都已經相當充分。大學一年級以上的學子，只要慢慢瀏覽、細細琢磨、不時思索，毋庸外而求也，自己就可以登堂入室。這些材料，對於中文世界裡推廣法經濟學，希望略盡綿薄。

本書完成之後，請學友批評指教之外，也作為課程的教材。在兩岸多所大學裡，都是必讀資料和課堂討論的起點。在為法官和檢察官的「特別營」裡，也提供第一線的司法專業人士參考。由開始撰寫到完成，花了三個月；之後的修改，大概花了兩倍的時間。成果差強人意，適合作為引玉的磚瓦。

財經企管 BCB614A

罪與罰之外：經濟學家對法學的20個提問

國家圖書館出版品預行編目 (CIP) 資料

罪與罰之外：經濟學家對法學的 20 個提問
/ 熊秉元著 . -- 第一版 . --
臺北市：遠見天下文化 , 2017.04
面；　公分 . -- (財經企管 ; BCB614)
ISBN 978-986-479-190-3(平裝)

1. 法律經濟學

580.1655　　106004440

作者 — 熊秉元

總編輯 — 吳佩穎
責任編輯 — 陳琡分（特約）
封面設計 — KUO YENHONG

出版者 — 遠見天下文化出版股份有限公司
創辦人 — 高希均、王力行
遠見・天下文化・事業群 董事長 — 高希均
事業群發行人／CEO — 王力行
天下文化社長 — 林天來
天下文化總經理 — 林芳燕
國際事務開發部兼版權中心總監 — 潘欣
法律顧問 — 理律法律事務所陳長文律師
著作權顧問 — 魏啟翔律師
地址 — 台北市 104 松江路 93 巷 1 號
讀者服務專線 — 02-2662-0012 ｜ 傳真 — 02-2662-0007, 02-2662-0009
電子郵件信箱 — cwpc@cwgv.com.tw
直接郵撥帳號 — 1326703-6 號　遠見天下文化出版股份有限公司

製版廠 — 東豪印刷事業有限公司
印刷廠 — 祥峰印刷事業有限公司
裝訂廠 — 中原造像股份有限公司
登記證 — 局版台業字第 2517 號
總經銷 — 大和書報圖書股份有限公司 電話／ 02-8990-2588
出版日期 — 2021/03/10 第二版第 2 次印行

定價 — NT$380
4713510946664
書號 — BCB614A
天下文化官網 — bookzone.cwgv.com.tw